古刻華章

首都師範大學圖書館藏
倉永齡舊藏歷代石刻拓片

下

首都師範大學圖書館　整理

國家圖書館出版社

PT/637　杜并墓誌　佚名撰

唐長安二年（702）四月十二日葬　河南省洛陽市出土

民國拓本　1張　37 cm×36 cm

正書

首題：大周故京兆男子杜并墓誌銘并序

鈐印：倉氏金石文字

倉永齡題簽：庚申得於都門

PT/638　婁君妻周氏墓誌　佚名撰

唐長安二年（702）七月二十日葬　河南省洛陽市出土

清末民國拓本　1張　42 cm×41 cm

正書

首題： 唐故忠州司馬婁君夫人墓誌銘并序

鈐印： 澹盦

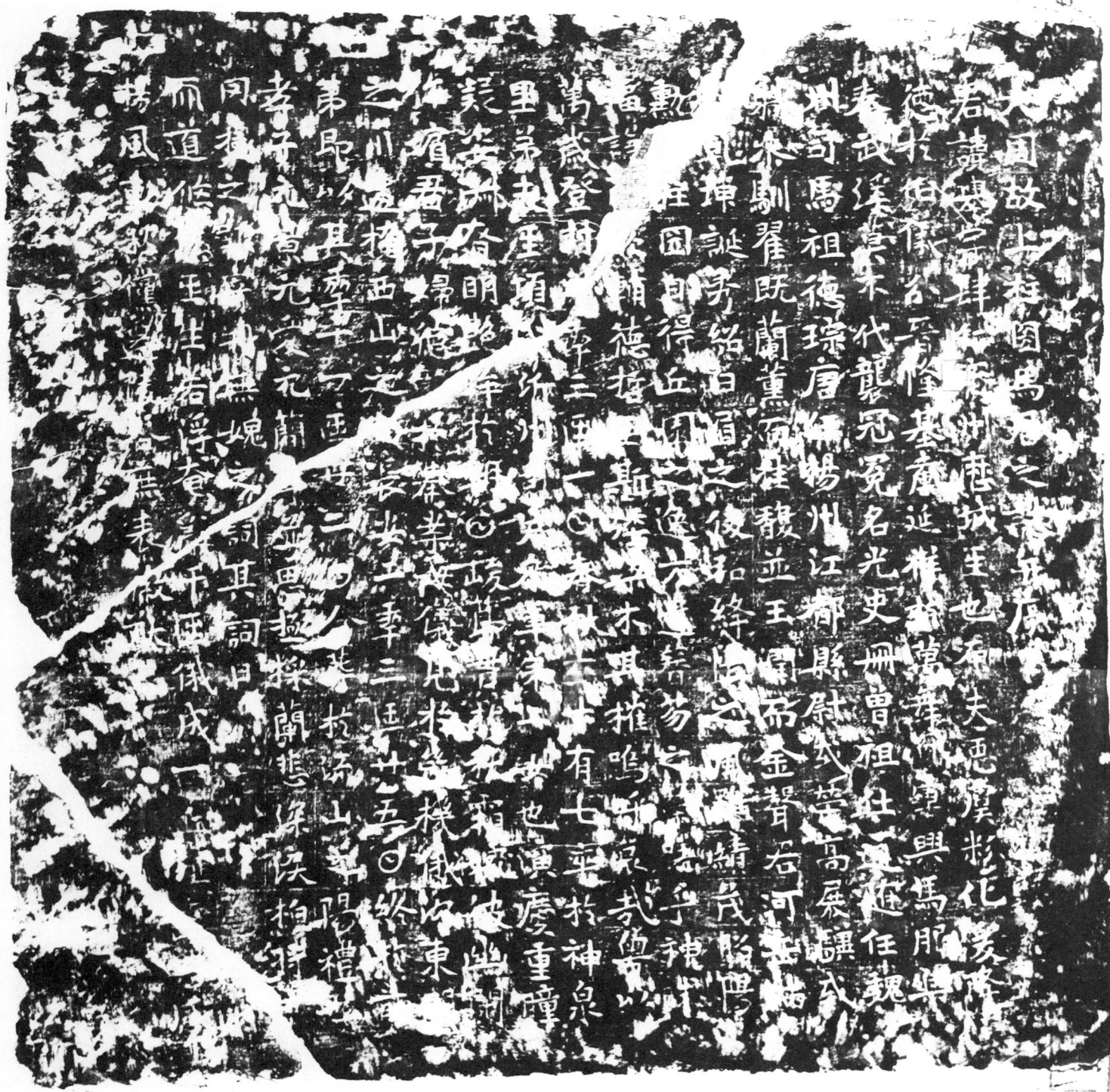

PT/639　馬舉墓誌　佚名撰

唐長安二年（702）十一月二十二日葬　山東省濟南市出土

清末民國拓本　1張　44 cm×44 cm

正書

首題：大周故上柱國馬君之誌并序

鈐印：倉氏金石文字、澹盦

PT/641　王嘉墓誌　佚名撰

唐長安三年（703）二月十七日葬　河南省洛陽市出土

清末民國拓本　1張　42 cm×42 cm

正書

首題： 大周昭武校尉右鷹楊
衛平原府左果毅都尉上柱國
王公墓誌銘

PT/640　趙智偘墓誌　佚名撰

唐長安三年（703）二月二十八日葬　陝西省西安市出土

清末民國拓本　1張　69 cm×69 cm

正書

首題：［大］周故游擊將軍上
柱國南陽趙府君墓誌銘并序
鈐印：澹盦金石、倉永齡印
倉永齡題簽：甲寅

PT/501 張師墓誌 佚名撰

唐長安三年（703）八月一日葬 山西省長治市出土

清末民國拓本 1張 34 cm×34 cm

正書

首題：唐故處士張君墓誌銘
鈐印：四當齋、澹盦金石

PT/502　陳叔度墓誌　佚名撰

唐長安三年（703）十二月十日葬　河南省安陽市安陽縣出土

清末民國拓本　1張　50 cm×50 cm

正書

首題：［大］周故監門校尉
陳君墓誌銘

鈐印：倉氏金石文字

倉永齡題簽：庚申得於都門

PT/503　王美暢妻長孫氏墓誌　（唐）王昕撰

唐長安三年（703）葬　河南省洛陽市出土

清末民國拓本　1張　59 cm×55 cm

正書

首題：□□□□□□王美暢
夫人長孫氏墓誌銘并序
鈐印：倉氏金石文字
倉永齡題簽：洛陽存古閣；
庚申得

PT/504　王詢墓誌　佚名撰

唐長安四年（704）二月十七日葬　河南省洛陽市出土

清末民國拓本　1張　42 cm×42 cm

正書

首題： 大周故朝議郎行郴州録事參軍上柱國王君墓誌

鈐印： 澹盦收藏

倉永齡題簽： 戊午

PT/505　安令節墓誌　（唐）鄭休文撰　（唐）石抱璧書

唐神龍元年（705）三月五日葬　陝西省西安市出土

清末民國拓本　1張　57 cm×57 cm

正書

首題： 大唐故公士安君墓誌銘并序

倉永齡題簽： 癸亥年得於津門

PT/507　康惢墓誌　佚名撰

唐神龍元年（705）十一月二十六日葬　河南省安陽市出土

清末民國拓本　1張　39 cm×38 cm

正書

首題：大唐故處士康君墓誌銘并序

PT/508　孫惠及妻李氏合葬墓誌　佚名撰

唐神龍二年（706）五月七日合葬　河南省洛陽市出土

清末民國拓本　1張　46 cm×46 cm

正書

首題：大唐故上柱國孫府君夫人李氏墓誌并序

PT/509 □文政墓誌　　佚名撰

唐神龍二年（706）十月葬　河北省邢臺市内丘縣出土

清末民國拓本　1張　48 cm×48 cm

正書

PT/506　楊承胤墓誌　佚名撰

唐神龍三年（707）七月一日葬　河南省洛陽市出土

清拓本　1張　55 cm×55 cm

正書

首題：大唐中興成王府[參軍]楊府君墓誌并序

鈐印：澹盦

PT/510　閻虔福墓誌　（唐）崔堅撰

唐景龍元年（707）十一月八日葬　河南省洛陽市出土

民國拓本　1張　73 cm×73 cm

正書

首題： 唐故雲麾將軍右金吾衛將軍上柱國漁陽縣開國子閻公墓誌銘并序

鈐印： 滄盦金石、章鈺假觀

倉永齡題簽： 己未

PT/511　[許] 君墓誌　（唐）柳紹先撰　（唐）李爲仁書

唐景龍三年（709）七月十九日葬　陝西省西安市出土

清末民國拓本　1張　66 cm×66 cm

正書

PT/512　韋君妻裴覺墓誌　佚名撰

唐景龍三年（709）七月十九日葬　陝西省西安市出土

清末民國拓本　1張　87cm×87cm

正書

首題： 大唐故魏國太夫人河東裴氏墓誌并序

鈐印： 澹盫金石、倉永齡印

PT/513　梁嘉運墓誌　佚名撰

唐景龍三年（709）十月二日合葬　湖北省襄陽市出土

清末民國拓本　1張　54 cm×31 cm

正書，額篆書

首題： 大唐故朝散大夫金州西城縣令息梁君墓誌

額題： 梁君墓誌

鈐印： 錫青

倉永齡題簽： 襄陽；庚申得於都門

唐故朝散大夫行衢州長
史周府君夫人江夏縣君
李氏墓誌銘
景龍三年歲次己酉十二
月二日薨以其年十二月
癸未朔廿四日丙午殯於
偃師縣西七里首陽北山
之南原

子司邈 尹晉 尹泰

尹魯 尹齊

PT/514　周君妻李氏墓誌　佚名撰

唐景龍三年（709）十二月二十四日葬　河南省洛陽市出土

清末民國拓本　1張　45 cm×45 cm

正書

首題： 唐故朝散大夫行衢州長史周府君夫人江夏縣君李氏墓誌銘

PT/515　盧玢墓誌　佚名撰

唐景雲二年（711）四月九日葬　河南省洛陽市出土

清末民國拓本　1張　88 cm×88 cm

正書

首題：大唐故左屯衛將軍盧府君墓誌銘并序

鈐印：澹盫金石

墓誌銘記　故張府君故　　　　　　縣年　朔　　終　氏　董上　唐故
　　　　　妻趙氏夫　昌少北　四　一　于　以　國南　洛州河
　　　　　　　　　　張府君故　　北　日　年　陶　咸　南陽　南縣人張冬
　　　　　　　　　　　　　山　巳　歲　花　亨　人也　　　　　　　
　　　　　　　　　　　　　平　酉　次　之　二　故　　　　　
　　　　　　　　　　楊寶村　合葬　五　里　年　　　　
　　　　　　　　　　原禮　東　於　月　郎　七　景雲
　　　　　妻趙氏夫　　也　一　河南　景　以　月　　　　書
　　　　　　　　　　　　　　　　十　半

PT/516　張冬至及妻趙氏墓誌　佚名撰

唐景雲二年（711）五月四日合葬　河南省洛陽市出土

清末民國拓本　1張　31 cm×31 cm

正書

尾題： 故張府君故妻趙氏夫人墓誌銘記

倉永齡題簽： 癸亥十二月得

PT/517　郭思訓墓誌　佚名撰

唐景雲二年（711）十二月十五日葬　河南省洛陽市出土

清末民國拓本　1張　50 cm×48 cm

正書

首題：唐故孝子朝議郎行大理司直上柱國郭府君墓誌銘并序

鈐印：倉氏金石文字

倉永齡題簽：石在洛陽存古閣；庚申得

唐故正議大夫行太子右贊善大夫判太子率更令上柱國清河崔府君墓誌銘并序

PT/518　崔孝昌墓誌　佚名撰

唐太極元年（712）二月二十一日葬　河南省洛陽市出土

清末民國拓本　1張　73 cm×73 cm

正書

首題：唐故正議大夫行太子右贊善大夫判太子率更令上柱國清河崔府君墓誌銘并序

鈐印：滄盦、倉永齡印

PT/519　鄭玄果墓誌　佚名撰

唐開元二年（714）十二月二十九日葬　陝西省西安市出土

清末民國拓本　1張　57 cm×58 cm

正書

首題：大唐故右衛中郎將兼右金吾將軍同安郡開國公鄭府君墓誌銘并序

鈐印：倉氏金石文字、澹盦金石

倉永齡題簽：庚申得

馮貞祐妻孟十一娘墓誌（拓本）

PT/520　**馮貞祐妻孟十一娘墓誌**　佚名撰

唐開元三年（715）四月九日葬　陝西省寶雞市出土

清末民國拓本　1張　31 cm×31 cm

正書

首題：唐將作監主簿孟友直女墓誌并序

鈐印：倉氏金石文字

倉永齡題簽：癸亥春得

PT/521　法藏塔銘 （唐）田休光撰

唐開元四年（716）五月二十七日立　陝西省西安市

清末民國拓本　1張　63 cm×75 cm

正書

首題：大唐净域寺故大德法藏禪師塔銘并序

鈐印：倉氏金石文字、倉永齡印

故某官吳郡陸府君墓誌銘并序
君諱大亨字利貞吳郡吳人也昔三方鼎時四
海沸騰孫武之割據江東惟先君是賴備弓治
筆無假施床第祖父邪並克崇堂構聿遵弓治
譽重龍樓名高驥之君風儀峻蕭勻襟謌和與
物無悟在人猶已庭試清署羨聲播流敷化名
邦懿績弘遠遭時丕造謫君憬俗遷國之泰効
勳邊城劫功庸既崇暑漏亦盡粵大唐開元六年
歲次戊午正月丙申朔十九日甲寅暴終於永
豐里第春秋卌七卽以其年二月丙寅朔七日
壬申葬于洛陽北其里禮也空阡庭漠幽隴荒
涼悲風斷肥慈雲痛目人生到此天道寧論嗣
子其攀援號絕瞻望崩坉其往如慕其逝如疑
怨天地長久陵谷遷貿迺刻貞石貽芳黃壤
銘曰
猗歟悟人名官早申彼我唯試風儀若神小豎
方邊中道忽乇廟翩翩眼鳥止于坐側命辰可增
衰伺有概

PT/522　陸大亨墓誌　佚名撰

唐開元六年（718）二月七日葬　河南省洛陽市出土

清末民國拓本　1張　54 cm×54 cm

正書

首題： 故某官吳郡陸府君墓
誌銘并序
鈐印： 滄盦
倉永齡題簽： 庚申得於都門

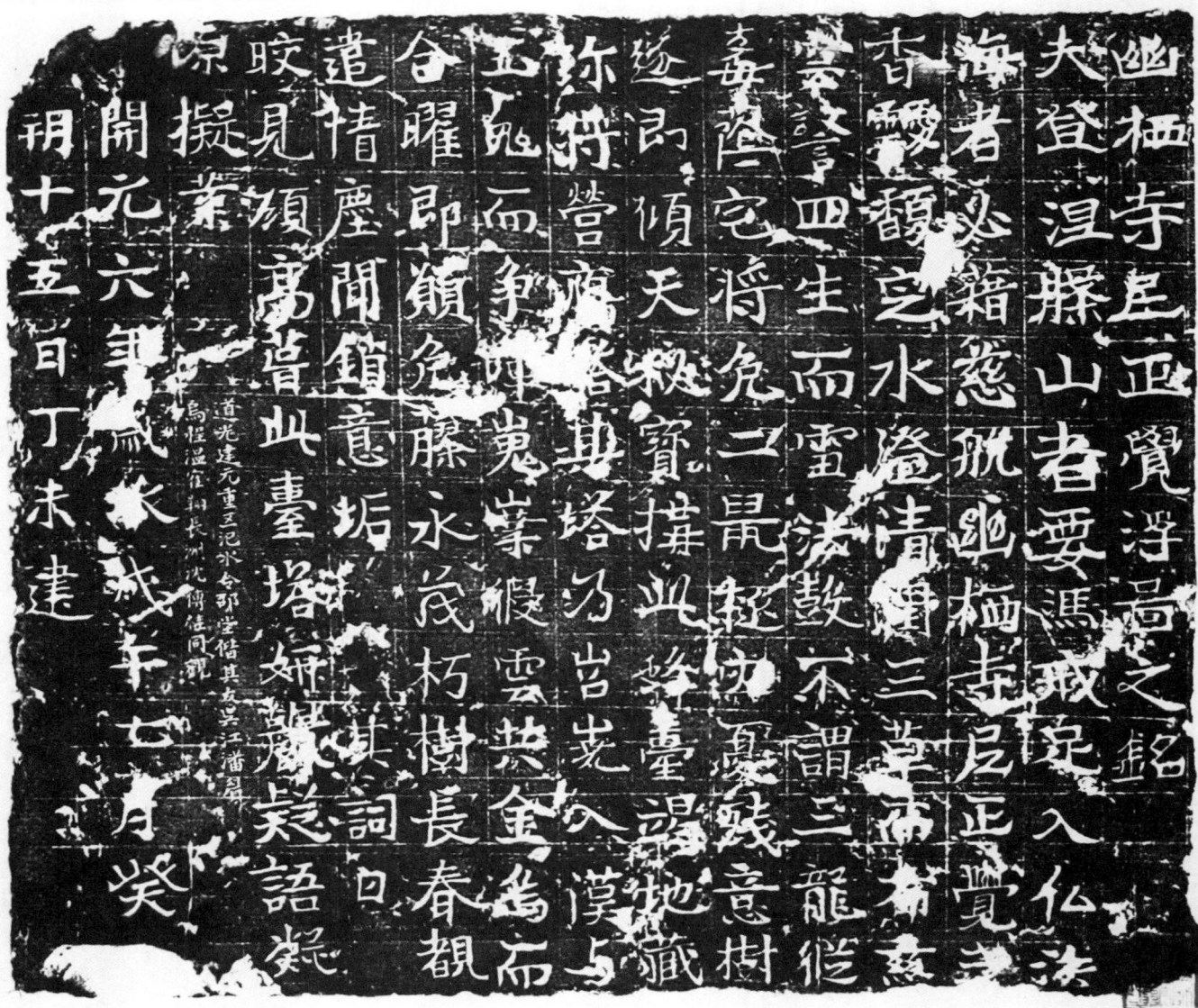

PT/523　正覺浮圖銘　佚名撰

唐開元六年（718）七月十五日立　河南省鄭州市滎陽市

清末民國拓本　1張　33 cm×38 cm

正書

首題：幽栖寺尼正覺浮圖之銘

鈐印：澹盦金石

倉永齡題簽：庚申得

PT/524　劉元超墓誌　佚名撰

唐開元六年（718）十一月十九日葬　河南省鄭州市滎陽市出土

清末民國拓本　1張　45 cm×44 cm

正書

首題： 大唐故儀州遼城府左果毅劉府君墓誌銘

鈐印： 倉氏金石文字

倉永齡題簽： 甲寅

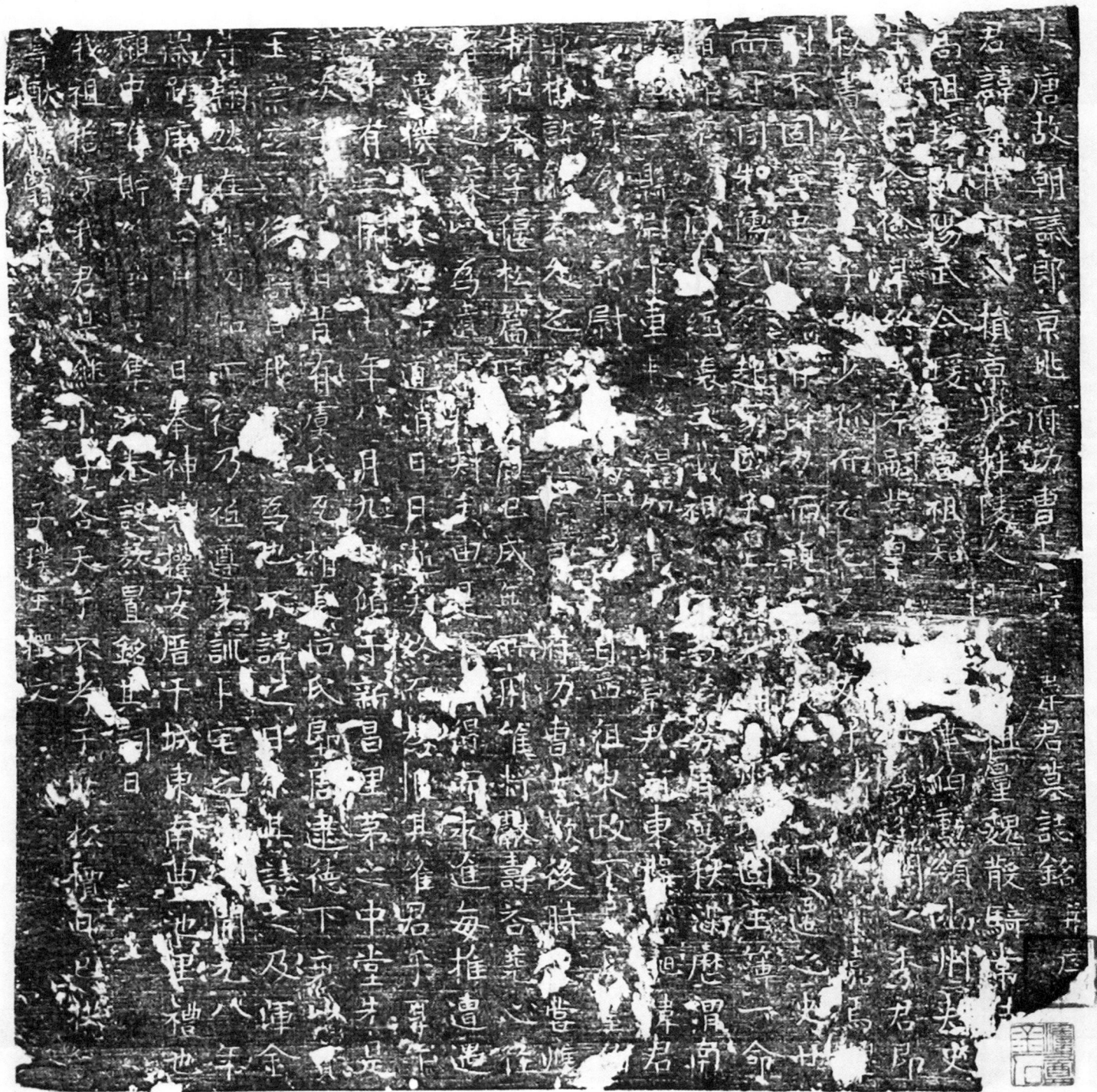

PT/525　韋希損墓誌　（唐）韋璞玉撰

唐開元八年（720）正月八日葬　陝西省西安市出土

清末民國拓本　1張　36 cm×35 cm

正書

首題： 大唐故朝議郎京兆府功曹上柱□韋君墓誌銘并序

鈐印： 滄盦金石、倉永齡印

倉永齡題簽： 甲寅

PT/526　梁方及妻張氏墓誌　佚名撰

唐開元八年（720）十月二十三日合葬　河南省安陽市出土

清拓本　1張　37 cm×37 cm

正書

首題：大唐梁處士張夫人墓誌銘并序

鈐印：澹盦

PT/527　賈明墓誌　佚名撰

唐開元九年（721）四月八日葬　山西省長治市出土

清末民國拓本　1張　43cm×43cm

正書

首題：唐故賈君墓誌銘
鈐印：澹盦金石
倉永齡題簽：乙卯

PT/528　王修福墓誌　佚名撰

唐開元九年（721）十一月三日葬　山西省臨汾市出土

清末民國拓本　1張　53 cm×54 cm

正書

首題： 大唐故嶽嶺軍副使王府君墓誌銘并序

鈐印： 滄盦金石

倉永齡題簽： 甲寅

PT/529　王慶墓誌　佚名撰

唐開元九年（721）十一月六日葬　山東省烟臺市萊州市出土

清末民國拓本　1張　53 cm×80 cm

行書

首題： 唐故朝議郎行登州司馬上柱國王府
君墓誌銘并序

鈐印： 澹盦金石、倉永齡印

倉永齡題簽： 庚申冬得於津門

PT/530　郭思謨墓誌　（唐）孫翌撰

唐開元九年（721）十一月十七日葬　河南省洛陽市出土

清末民國拓本　1張　60cm×60cm

正書

首題： 大唐故蘇州常熟縣令孝子太原郭府君墓誌銘并序

鈐印： 倉氏金石文字

倉永齡題簽： 石在洛陽存古閣；庚申得

PT/531　王達墓誌　佚名撰

唐開元九年（721）十一月十七日葬　山西省長治市出土

清末民國拓本　1張　40 cm×40 cm

正書

首題： 故大唐王君墓誌銘并序

鈐印： 滄盦金石

倉永齡題簽： 戊午年所得

PT/532　董虔運墓誌　佚名撰

唐開元十年（722）九月二十九日葬　河南省洛陽市出土

清末民國拓本　1張　48 cm×48 cm

隸書

首題：大唐故左羽林軍長
上果毅都尉董公誌石文并序

鈐印：澹盦

PT/533　田嵩墓誌　佚名撰

唐開元十一年（723）正月二十八日葬　河南省洛陽市出土

清末民國拓本　1張　38 cm×38 cm

正書

首題：大唐故滕王府記室參軍田府君墓誌并序

大唐故肥鄉縣丞田府
君墓誌銘并序

我遠代為後育于姜國我令命氏也四軍冑貴一曰唐王
肇遷代也克隨蕃礼今見其也君諱靈芝字先奇奇
祖甚定州長史列考嶠勝王府記室子泆也
南武葳莅聯芳君斯之盛公即記室府君之冢子也永
容心頤日如畫基妙酒有德若斯結六道則埠
於海衆拒前相中書侍郎蘇公有志言之契授克州間使璵
者以縣尉喜而養親登伊毛義似以為達命君子也自動衛授克州間使玟
丘以為議者沼州肥鄉縣丞京既玉公果於福有從政
芳將逐曰東舊順風授沼南圖何神理不悅終我尒福以開
元十年九月十日春秋六十有一遘疾終於廨宇鳴呼
人太虛之寓言天道無知嗟鄰侯之不嗣哀
人郁郁原王氏安州吉陽尉令軌之元女也夫人東原蓮先
範蘭失元年風雲段德詞曰同祔於洛陽北印之高木泣新墳之省草誌
以開野失聲
朝懷前好式旌無競鄒邦蒿蕝亭浦畔天
永懷斯人維列無競鄒邦蕚綪亭浦畔天
幺癸斯人陰煙余將訢失吳
生元兮忽焉立龍子

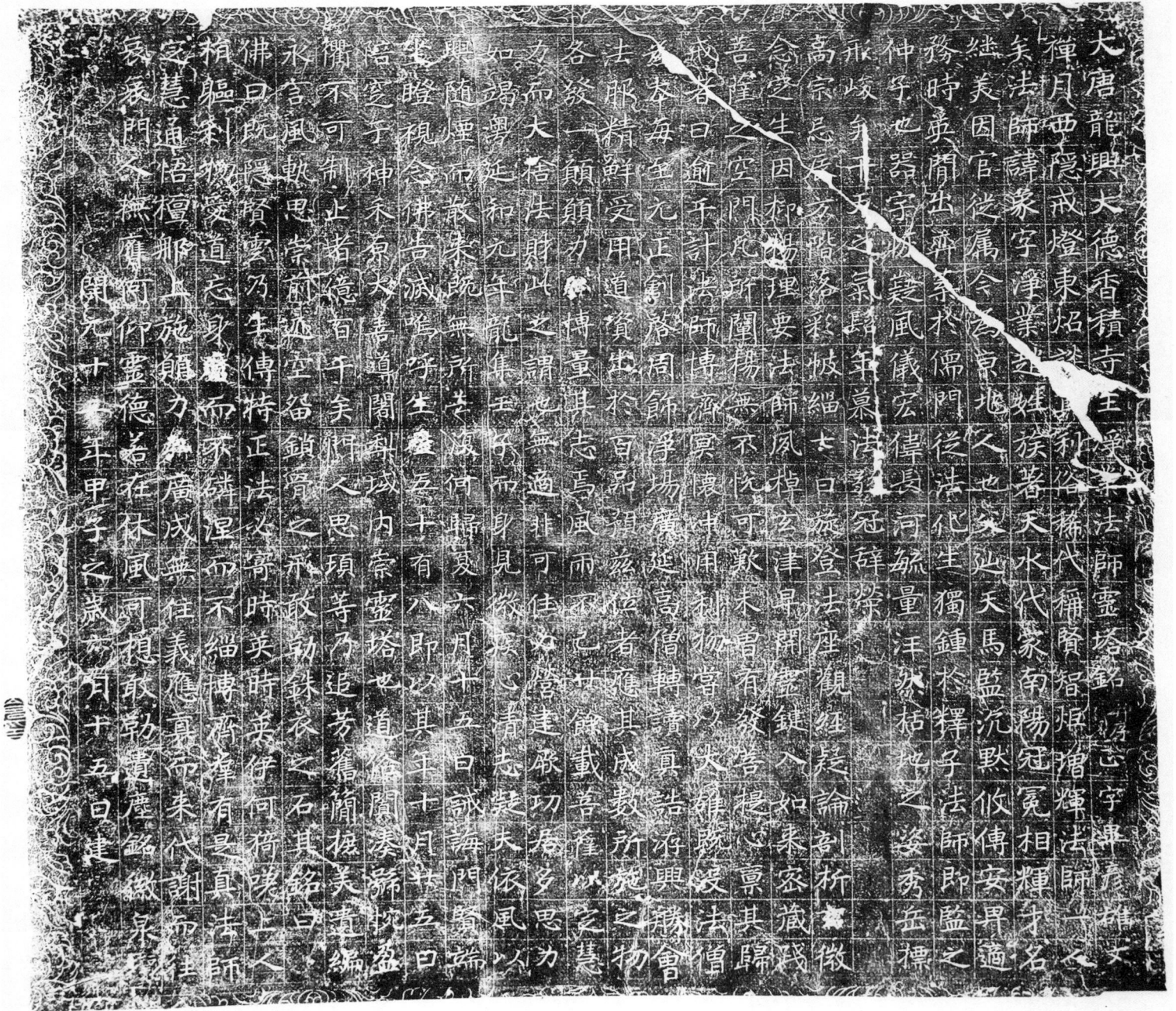

PT/535　净業塔銘　（唐）畢彥雄撰

唐開元十二年（724）六月十五日建　陝西省西安市香積寺

清末民國拓本　1張　63 cm×69 cm

正書

首題： 大唐龍興大德香積寺
主净業法師靈塔銘并序

鈐印： 倉印

PT/536　薛君妻裴氏墓誌　（唐）薛良撰

唐開元十四年（726）二月二十三日葬　河南省洛陽市出土

清末民國拓本　1張　46 cm×46 cm

正書

首題： 唐故尚舍直長薛府君
夫人裴氏墓誌銘并［序］

鈐印： 倉氏金石文字

倉永齡題簽： 石在洛陽存
古閣；庚申得

PT/537　鄭戎墓誌　佚名撰

唐開元十四年（726）五月十九日葬　河南省洛陽市出土

清末民國拓本　1張　35 cm×35 cm

正書

首題：唐故潭州衡山縣令鄭府君墓誌銘并序

PT/538　張詮墓誌　佚名撰

唐開元十四年（726）十一月十日葬　河南省洛陽市出土

清末民國拓本　1張　42 cm×42 cm

正書

首題： 唐故沁州安樂府別將
上騎都尉張君墓誌銘并序

PT/288　思恒墓誌　（唐）常東名撰

唐開元十四年（726）十二月十五日葬　陝西省西安市長安區出土

清末民初拓本　1張　72 cm×71 cm

正書

首題：唐大薦福寺故大德思恒律師誌文并序

鈐印：倉氏金石文字

倉永齡題簽：癸亥春得

PT/289　朱行斌墓誌　佚名撰

唐開元十五年（727）二月十七日葬　河南省洛陽市出土

清末民國拓本　1張　44 cm×44 cm

正書

首題： 大唐故并州陽曲縣主簿朱君墓誌銘并序

PT/290　李和墓誌　佚名撰

唐開元十五年（727）六月十三日葬　河南省洛陽市出土

清末民國拓本　1張　33 cm×33 cm

正書

首題： 大唐故袁州參軍李府君墓誌銘并序

PT/291　宋感及妻甘氏合葬墓誌　佚名撰

唐開元十七年（729）九月十九日合葬　河南省安陽市出土

清末民國拓本　1張　38 cm×37 cm

正書

首題：大唐故處士宋君甘夫人墓誌銘并序

PT/292　法澄塔銘　（唐）王志暕撰并書　（唐）朱曜光刻

唐開元十七年（729）十一月二十三日葬　陝西省西安市出土

清末民國拓本　1張　86 cm×67 cm

正書

首題： 大唐故興聖寺主尼法澄［塔銘并序］

鈐印： 澹盦所藏金石

PT/293　胡明期母曹氏墓誌并蓋　（唐）騫國俊撰

唐開元十九年（731）四月七日葬　河南省洛陽市出土

清末民初拓本　2張　39 cm×39 cm, 36 cm×36 cm（蓋）

正書，蓋篆書、正書

蓋題：大唐故曹夫人墓誌銘
首題：大唐汝州魯陽府別將胡明期母曹夫人誌銘并序
倉永齡題籤：癸亥十二月得

大唐汝州魯陽府別將胡明期母曹夫人誌銘并序

維開元九年辛未歲三月廿六日女

州魯陽府別將母書夫人終于進德坊

粵四月七日己卯殯於洛城東北陽王

寂村禮也夫人性質柔惠心體逝閑進

退可師儉仰戒則樂妻斷織無以諭其

勵夫孟母移居未謀方於凱子而凤雨

為媒霜露感疾逝魂之香難見閱川之

恨己深衰子明期痛結終天衰纏畢地

恐人代遷易原野荒蕪蓋爰勒負規誌于

幽石銘曰

高堂摧兮大遂開　　聖善居山兮謂何哉

泉扃定兮相訶嵙　　千秋萬歲何時晚

前雨于助教將

勒和太常儀注喬國俊撰

唐故朝散郎行潞州長子縣尉太原王公墓誌銘并序

公諱怡字友睦太原人也其先出自有周曾祖晉俗以賢才…北滄州別駕祖琳青州北海縣令刺史二子祖…朝散郎撿挍大理正上柱國雍惟良撰繪隨朝散大夫…策價重一時授文學初公即許載之第二子祕…我德先世表文學初公以在夜之辰年綠小歲母氏鞠育造於成長…及以門資甫授長子君之須年大駕在堂寸祿過親立身為貴嘉慶…相次何感如之頃…咸京公之友于亦同於彼是歲有旬日長樂之別公當有…氏之愛少留咸京親親觀水漿不入於口涙有旬日長樂…里震服同次哀慕神道君子以孝遘茲疾孫留奋忽…言娶婉之際請侍於祥忌堂久不茹杖而後行遘茲疾…家之去也順向之來也浮順與浮旅寂之一也降年世六福善賢里之…今之去而歸全天経之道着以開元廿年七月七日終於集賢里之…無啓乎而歸全天経之道…開元廿年七月…私第即以其年歲次壬申九月辛丑朔二日壬寅…府河南縣平樂鄉張陽里之北原禮也惟公才行尤高器識精密譽…流刀筆體蕭風霜滿興善無雖之…之聖臺閣之人…結昴常物之分…目青臺閣之…感親知撫孤偏聽羽翼…義之懷仁報紀行事…終身生之戚為期緦緰重…不吊者誰之故亥彖重…連山上有墓誌盟公其誌曰…銘曰…一俊洛高校於千丈鳴呼公…有子丑孤蘖焉承瞻思…承繼行路增…世親服…

PT/312 張嵒妻魏氏墓誌 （唐）張鍠撰

唐開元二十一年（733）七月二十五日葬 河南省洛陽市出土

清末民國拓本 1張 30 cm×30 cm

正書

首題： 棣王府户曹參清河張嵒故妻鉅鹿魏夫人墓誌銘并序

ST/295　張軫墓誌　（唐）呂巖説撰

唐開元二十一年（733）十月十六日葬　湖北省襄陽市出土

清末民國拓本　1張　54 cm×54 cm

正書

首題： 唐故河南府參軍范陽張府君墓誌銘并序

鈐印： 滄盦金石

唐故秀士張君墓誌并序

君諱點字子敬其光范陽
族司空分派東晉六代祖大自北徂南九代
洎西葉因家樊河祖眼漢陽都王中書令東齊之遷
官命元王勳之建封立子廟眼具王子孫其昌父
佐則有權奇也孝克温絳日肅日厚成
峰則有權奇也孝克温絳日肅日厚成童未冠學
蹈舜象舞謳雍雍于座政于聰明不假年十
禮足而終諱于私第時年十七葬襄祔先墳廿二年一
遄疾而終諱于私第時年十七葬之兄西祔先墳
八月十六日座政嗚呼哀哉泗沱之無從銘曰
年十月十六日也祔之不禄悲哀泗沱之無從君無子左右位之
巳祔祖廟之縈不禄悲呼泣洟之伊何君無子
愿彼痛莼先瑩東西壞之棠棣之華上春隴之
陟彼痛莼幽閟之棠棣之華上春隴之
咸童備德痛幽閟之棠棣之華上春隴之

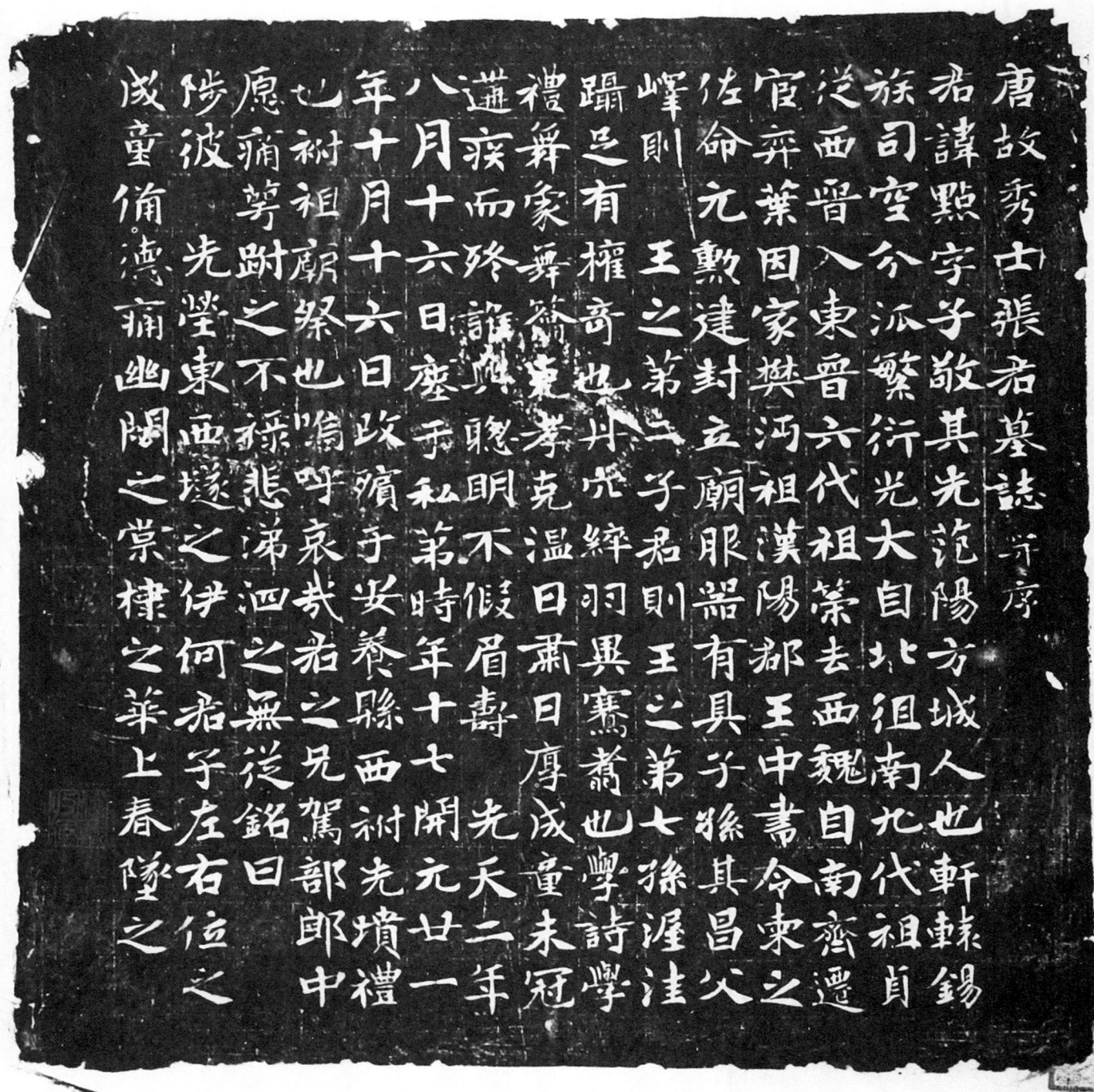

ST/296　張點墓誌　佚名撰

唐開元二十一年（733）十月十六日葬　湖北省襄陽市出土

清末民國拓本　1張　29 cm×29 cm

正書

首題： 唐故秀士張君墓誌并序

鈐印： 澹盦收藏

ST/472　張漪墓誌蓋　佚名篆書

唐開元二十一年（733）十月葬　湖北省襄陽市出土

清拓本　1張　37 cm×37 cm

篆書

蓋題：唐故著作郎張公玄誌
鈐印：澹盦收藏

PT/297　蕭令臣墓誌　佚名撰

唐開元二十三年（735）二月十日葬　河南省洛陽市出土

清末民國拓本　1張　48 cm×45 cm

正書

首題：唐故太原府太原縣丞
蕭府君墓誌銘并序
鈐印：滄盦收藏
倉永齡題簽：戊午年得

PT/298　鄭諶墓誌　（唐）楊宗撰　（唐）元光濟書　（唐）陳
須達鐫

唐開元二十三年（735）二月二十三日葬　河南省洛陽市出土

清末民國拓本　1張　54cm×53cm

正書

首題：唐故太中大夫使持節
青州諸[軍事]青州刺史上
柱國滎陽鄭公墓誌銘并序
鈐印：澹盦收藏
倉永齡題簽：戊午

PT/299　義福塔銘（大智禪師塔銘）　　（唐）杜昱撰

唐開元二十四年（736）七月［七］日葬　河南省洛陽市

清末民國拓本　1張　61 cm×61 cm

正書

首題：大唐故大智禪師塔銘
鈐印：倉氏金石文字
倉永齡題簽：石在洛陽存
古閣；庚申得

PT/301　李勛妻鄧氏墓誌　（唐）滕少逸撰

唐開元二十五年（737）十一月十四日葬　河南省洛陽市出土

清末民國拓本　1張　44cm×42cm

正書

首題： 大唐故開州録事參軍渤海李君夫人南陽鄧氏墓誌銘并序

鈐印： 滄盦收藏

倉永齡題簽： 戊午

PT/302　惠隱塔銘　佚名撰

唐開元二十六年（738）二月六日建　河南省洛陽市

清末民國拓本　1張　35 cm×58 cm

正書

首題： 大唐大安國寺故大德
惠隱禪師塔銘［并序］
鈐印： 倉氏金石文字
倉永齡題簽： 石在洛陽存
古閣；庚申年得

PT/303　宋祖堪墓誌　佚名撰

唐開元二十六年（738）十二月一日葬　河北省邯鄲市磁縣出土

清末民國拓本　1張　30cm×30cm

正書

首題：維大唐故宋君墓誌并序

倉永齡題簽：在安陽

PT/304　鄭賓妻崔攀墓誌　佚名撰

唐開元二十七年（739）八月三十日葬　河南省洛陽市出土

清末民國拓本　1張　34 cm×34 cm

正書

首題： 唐故滎陽鄭賓妻博陵
崔氏墓誌銘并叙

鈐印： 澹盦

PT/305　常來墓誌　佚名撰

唐開元二十七年（739）十月二十五日葬　河北省邢臺市隆堯縣出土

清末民國拓本　1張　34 cm×37 cm

行書

首題： 大唐常君墓誌銘并序

鈐印： 永齡私印

倉永齡題簽： 辛酉得於津沽

PT/306　崔玄隱墓誌　佚名撰

唐開元二十七年（739）十月二十六日葬　河南省鶴壁市浚縣出土

清末民國拓本　1張　62 cm×63 cm

正書

首題： 大唐故朝散大夫檢校尚書比部員外郎博陵崔府君墓誌銘并序

鈐印： 倉氏金石文字

PT/307　趙庭秀墓誌　佚名撰

唐開元二十七年（739）十月二十六日葬　河南省洛陽市出土

清末民國拓本　1張　29cm×29cm

正書

首題：宣義郎上輕車都尉前
行台州司倉參軍趙庭秀墓誌

唐故江州長史趙府君墓誌銘并序

公諱知慎字誡盈天水人也造父弈弈滄州清
有趙氏簡孫諸侯奮為名將盖父對於趙城君
之曾祖迪皇朝青州司馬曾祖嵩弈史兩
今父寔曹州司切並寸光州司馬弈勢屈孫有
少而聰敏長而茶潔凜然有難犯之色儼然有
可法之儀學包經史性內忠尚孝歷遷嵐蔚江三
許州長史芝並清以勵食仁村下軒非州之戀學
洲以之勸惜于廊廟之終于長駛軒於州縣開元
廿七年十一月十一日平三月十六日歸葬于河南
八十平樂原禮也城原危白帝泛千里日休悲慕匡
北邙皇居爵而紀德庶沼墳壠重啟尚覬犧躍
對崩心泣萬局而德日魂遊東岱楮依北邙賓實
以墓更開猶觀鳳篆銘日沉光魂遊東岱久天長
襄天絕響愛日沉光
鈞夜蕭蕭白楊鑱徽頌美地久天長
玄

PT/308　趙知慎墓誌　佚名撰

唐開元二十八年（740）三月十六日葬　河南省洛陽市出土

清末民國拓本　1張　38 cm×38 cm

正書

首題：唐故江州長史趙府君墓誌銘并序

倉永齡題簽：戊午

PT/309　張仲臣墓誌　佚名撰

唐開元二十八年（740）四月十四日葬　河南省洛陽市出土

清末民國拓本　1張　35 cm×35 cm

正書

首題：唐故滄州清池縣尉張君墓誌銘并序

鈐印：滄盦收藏

倉永齡題簽：戊午

唐故豫州郾城縣丞張君墓誌并序

君諱孚字孟信其先河內諸軍軍事安州刺史也公曾祖玄之之鄉道繹述功令曹

贈君安隨郡王斷父十八朝散嚴門大事夫安州作郎常選廿著祖作來之特子進中府書功令曹

漢君置長陽浸過刺史司倉參軍泉貨是登桓郎流舊寬兄谷邦門赤之長龍初後議而書明令曹

君懷誄諫施屬隨州七司倉參軍有惡里作謀閭不先子出納他事兄郎坐幼濟岑後誄而詺弟拜

職悃諤行無託君咲是返泝初策君服熊娑貸賓謀陳宋之之衷肩覩懷庸無是何家弄車段寢寫君邑軍曾

拜豫州郾城縣丞正包臨人聞君乃不設摘伏戎復之科正糧繩未得職政准而輻委用將君復軍

監肩隨職猶旟雞旌清中華縣疾於故里戍之第丁家禩秋五未遷之政准輪而

十策月十四日聚以六月十四日終於私寢嗣子祇書

八年六月十四以呼氏故慈承公喪十四日終於私寢嗣子祇書

夫人呼氏故慈後其祀寫詞曰女備習禮去潔書昵及壯

姑先孝祖謝孫迪承其祀寫詞曰

年慶光祖厥土君位不充量侵恨荒襄其夫人禮則當時

餘慶永已燧主濊音用紀一其

PT/311　裴坦墓誌　佚名撰

唐開元二十九年（741）二月二十日葬　河南省洛陽市出土

清末民國拓本　1張　35 cm×35 cm

正書

首題： 果毅都尉裴公墓誌銘并序

大唐故兗州瑕丘縣令崔府君夫人朱氏墓誌銘

夫人諱□字吳郡錢唐人也皆以忠仕漢留折檻而表帝庭弈綏還吳不顧金而捐冠尚秋風鮮簿忠世有衣冠隨制軍建業抱鼓摧人物臨川之量大夫司勳烈度德嗣曾祖長仁隨水部員外郎朝之事姑資冲素朗鑒省體能成婦道志素憂勤祖郎中父景微有不天我君深仁誠敦若永錫爾類合姜詩之道也友其琴瑟旋德曜之慈淑寂美內外式瞻而家君即制而載恩也七子均養叶鳴鳩之仁援吳縣君以倚嚱命也數載而家君即世三年而衛恤居妻精心道門以從寵子從代耕之養遂賦斯興展膝下之歡行和速覽嗚呼家屬始成體大畫行暮遺言餘教撫誨不變遂捨錢十萬克備終果造端不二漤悟業緣以開元廿八年十一月壬午朔十日辛卯終於汴州歸仙里第享年八十四秊薨朔三日天□權歸定于河南府洛陽縣清風鄉平樂北原也四瞻愛子之墳南接府君之壠玄夜不晨青松已拱子弟明之榮痛凱風之吹棘臨寒泉而隔岅悽精身世之哀恨絕幽希禮先之理銘曰遠梲不已昭昭令德垂名善內則我順延松碑道訓天下式洛邑莊施夷門地悲泉咽其規閨門導母儀取江漢崇揚山靈降資聖邑莊施夷門地悲泉咽山督寒菱墮壠備楉陰垣慈歴永隔泣血昊冤

PT/313　崔君妻朱氏墓誌　佚名撰

唐天寶元年（742）四月二十三日葬　河南省洛陽市出土

清末民國拓本　1張　43cm×43cm

正書

首題： 大唐故兗州瑕丘縣令崔府君夫人吳縣君朱氏墓誌銘

ST/314　崔君妻獨孤氏墓誌　（唐）崔季梁撰并書

唐天寶二年（743）十一月二日葬　陝西省西安市出土

清拓本　1張　38 cm×38 cm

正書

首題： 大唐故奉義郎行洪州高安縣令護軍崔府君夫人河南獨孤氏墓誌銘并序

鈐印： 澹盦所藏金石

PT/315　李褘妻呂氏墓誌　佚名撰

唐天寶三年（744）閏二月三日葬　河南省洛陽市出土

清末民國拓本　1張　35 cm×36 cm

正書

首題：大唐故東平縣君呂夫人墓誌銘并序

PT/316　索思禮墓誌　佚名撰

唐天寶三年（744）八月十二日葬　陝西省西安市出土

清末民國拓本　1張　57cm×57cm

正書

首題：大唐故左清道率忠武將軍敦煌索公墓誌

鈐印：倉氏金石文字

倉永齡題簽：癸亥春得

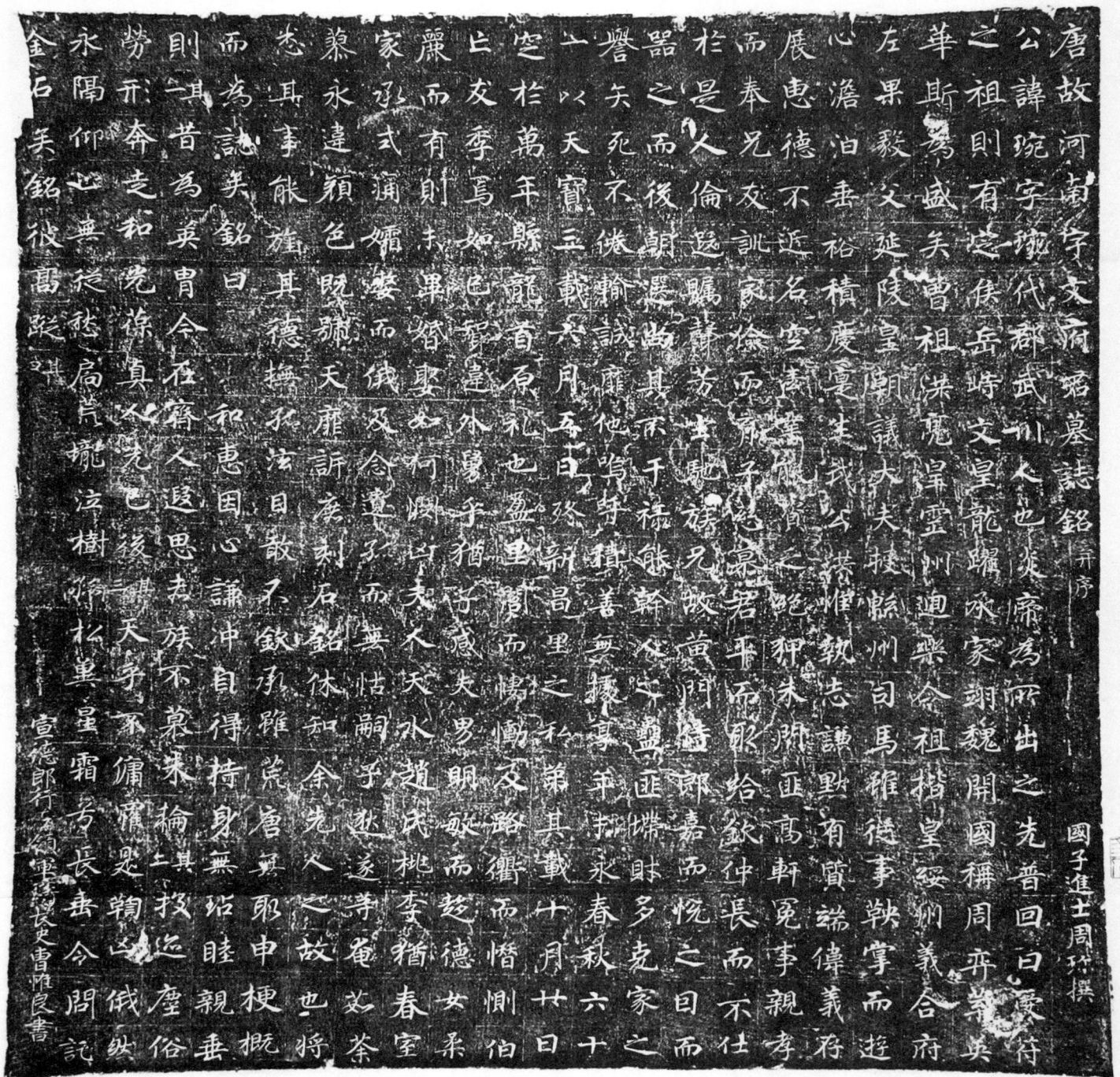

PT/317　宇文琬墓誌　（唐）周珍撰　（唐）曹惟良書

唐天寶三年（744）十月二十日葬　陝西省西安市出土

清末民國拓本　1張　52cm×52cm

正書

首題：唐故河南宇文府君墓誌銘并序

鈐印：澹盦金石

PT/318　王訓墓誌　佚名撰

唐天寶四年（745）二月二十一日葬　河南省洛陽市出土

清末民國拓本　1張　40 cm×40 cm

正書

首題： 唐故桂陽郡臨武縣令
王府君墓誌銘并序

PT/320　雷詢墓誌并蓋　佚名撰

唐天寶五年（746）六月五日卒　陝西省渭南市合陽縣出土

清末民國拓本　2張　48 cm×48 cm, 49 cm×49 cm（蓋）

正書，蓋篆書

蓋題： 大唐故雷君墓誌之銘
首題： 大唐故處士陪戎副尉
雷君墓誌銘并序
鈐印： 澹盦、澹盦金石

大唐故慶士陪戎副尉雷君墓誌銘并序

君諱詞字明遠開內馮翊郡人也德能匡俗垂寶光於

先功可濟時福慶流枝後故祖路睽兮雄勇風骨不拘

蔣兮清雅抽彩異俗應前随以見用位列錦司入大唐

而異朝職臨司屬父通上柱國智可運籌德堪濟物不

佝私門唯憂報國揮霜戈於龍外戎電除耀金甲於松

輪臺骨都膽驚功成遂退賞悅丘園知命無憂自怡風

月君稟陰陽兮秀氣受天地之雄雷和維孝維忠克恭

克敏靈心應物任性歸真坐幽軒以怡神卧白雲而放

志將為漢門此壽豈其孔父齒之以天寶五載六月五

日攬疾終於私第從於家舘夫人趙氏道叶申順德配乾

坤性以謙約為本行以溫柔居常訓女乘誠教男義方

遽君均善於孟毋守志伴於敬姜向寶務三昔殞乃

龍劍之令淪同臻玉連雙契佳城書帳虛而鯨跡妝樓

空以生塵幽顯既分死道隔降妻次諫譽月合葬於

仙宮原侍光瑩也孤子寶泰敬思遺訓代稱泉壤似為

銘其辭曰

凜兮嚴兮家國稱美倩兮絢兮闺阃有軌道契神明德

伴君子動止不乖於旺心形遠於天理往物周北

委體從流泯迹形順綿然入幽琭石斸銘兮先德芳聲

不拘兮子秋人

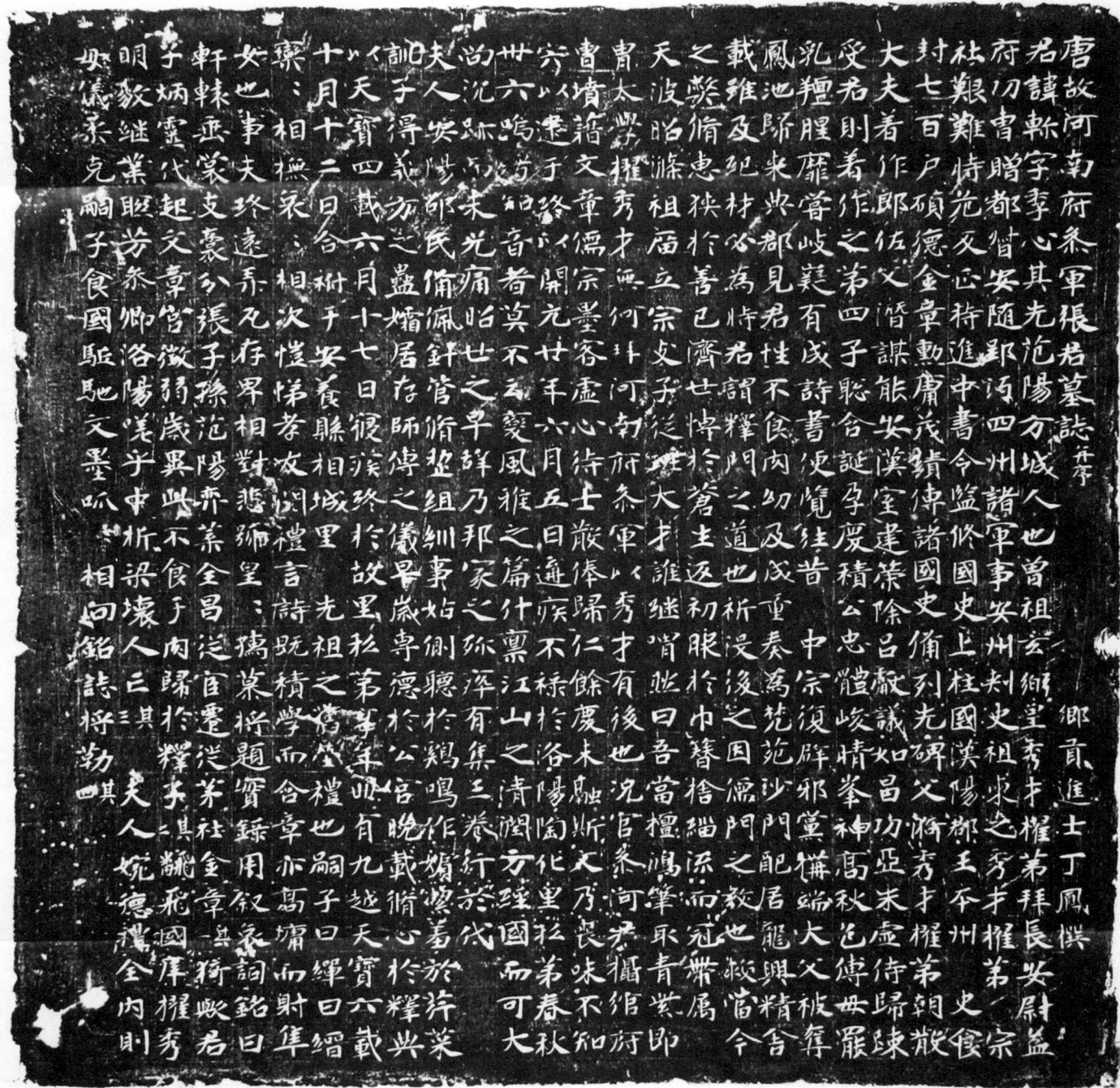

ST/322 張軫墓誌 （唐）丁鳳撰

唐天寶六年（747）十月十二日葬　湖北省襄陽市出土

清拓本　1張　44 cm×44 cm

正書

首題： 唐故河南府參軍張君墓誌并序

鈐印： 滄盦收藏

ST/323　李迪墓誌　佚名撰

唐天寶六年（747）十一月二十五日葬　河南省洛陽市出土

清拓本　1張　36 cm×36 cm

正書

首題： 趙郡李府君墓誌并序

唐故清河崔君之誌銘

君讳□，清河人也。曰官上黨，封人
君讳□，自履跡扵開，祥撰□道
父峻跡□，曾祖讳□，禄祖讳□，春秋□載
请貞亲士，樂室守塢園，□□□
十有八，以終扵私室，以天寶七載
年□葬扵□後，八月□亥朔八日扵
歲次□子□□，東北□里，平原
禮也，□東視，魚縣東□，□□□
鎮其後，録□濁潭，其西觀靖，雞□銘
乃為詞曰，□水□前勤，□為蠶堂
迁山河不宜，取此為信

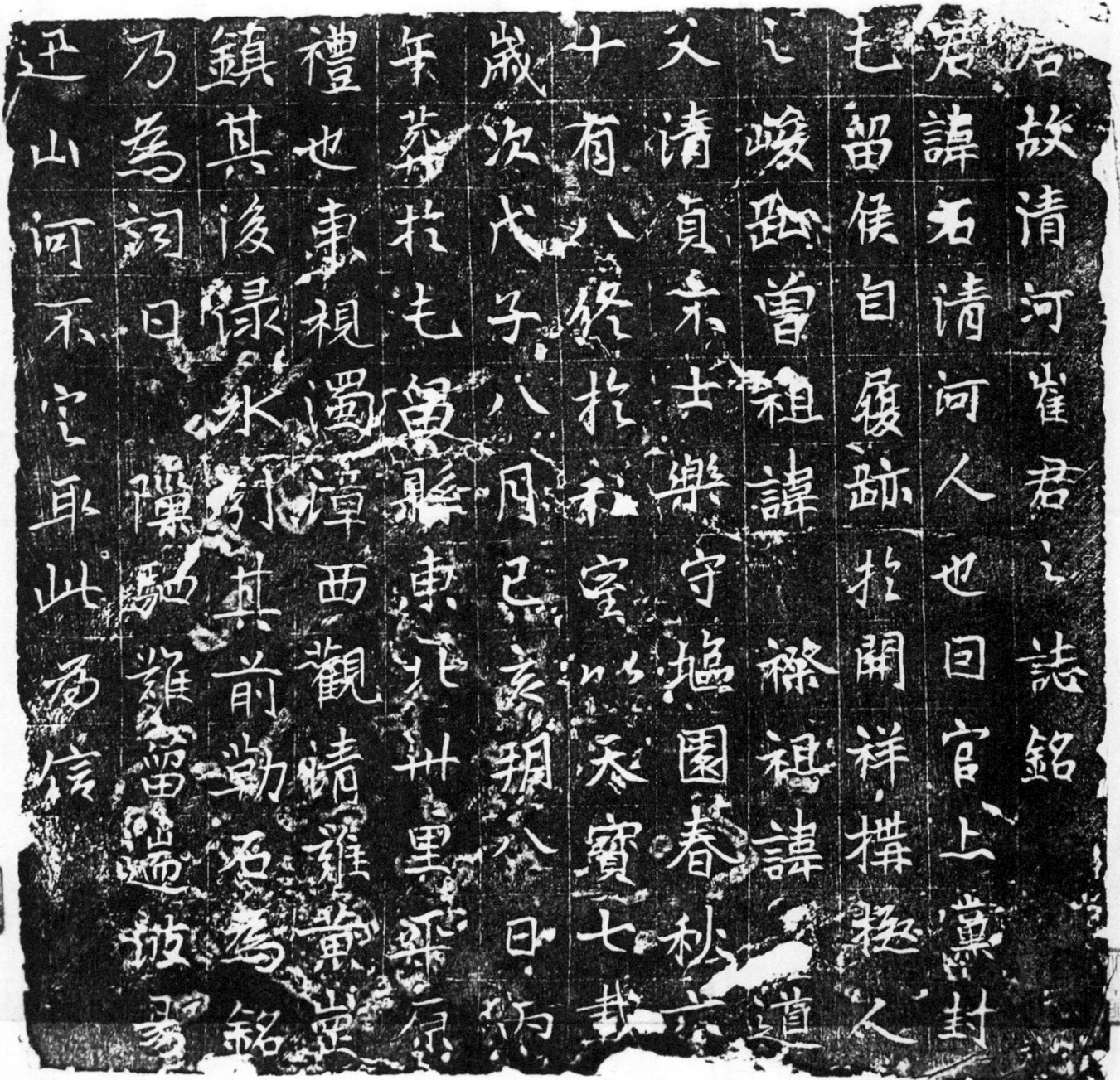

PT/324　崔石墓誌　佚名撰

唐天寶七年（748）八月八日葬　山西省長治市屯留區出土

清末民國拓本　1張　32cm×32cm

正書

首題：唐故清河崔君之誌銘
鈐印：滄盦金石
倉永齡題簽：丁巳年得

PT/325　李君妻竇氏墓誌　（唐）盧沼撰

唐天寶七年（748）十一月二十四日葬　河南省洛陽市出土

清末民國拓本　1張　37 cm×36 cm

正書

首題：大唐前漢中郡都督府西□李少府公故夫人扶風竇氏墓誌銘并序

大唐故冠軍大將軍行左龍武軍大將軍員外置同正員上柱
國薛府君墓誌　公諱義字成河東汾陰人也首奚仲
居薛仲虺相湯薛之所封其來遠矣三族仕魏風塵祖與時偕行聲
名光國父知信公之勁果不雜風塵祖芝興時偕行聲
以虛受物少習戎意侯時頊果化郡中宗業隤牝鷄命梟為
內發狼顧相驚公血氣方剛易剝難易河洛為
天既拔立逐國永家盛莫先也公玄駿新來朱紱綬方來解褐授申
貢賦之實開國永家盛莫先也公玄駿新來朱紱綬方來解褐授申
絳郡長祚府左果毅自初任金冠軍惣十三政躍馬卅載春朱輪
府立蹉之切食邑五百戶周勃有佐漢之力公駿馬疊跡朱輪
成行每一命有加三搢而進河間二竪不蕩于秦鑾徒三牲登
已歲為夢以其天寶八載閏六月廿八日旋葬行路但恐
西龍首原之禮也嗣子光太光後等衰慟羸瘠恐感是雙玄晉右恐
里松第也名芳青史質已黄塵舉之若鵷於一簣雜泰晉右恐
乃作銘曰有忠臣名芳溫良容賴舉之若鵷變之如豹漢
傳清職周有忠臣名芳溫良容賴舉之若鵷變之如豹漢
不曰虛言無徇巧動靜寬乃武乃文躍馬何劾隨龍動善言
有諫議庶有將軍令問今年無琹舛生崖忽毀魂依宜賦月
行鐵石意氣風雲逝水不還注之万代
作添燈松為永蓋貞石有名傳之万代

PT/326　薛義墓誌　佚名撰

唐天寶八年（749）七月二十八日葬　陝西省西安市出土

清末民國拓本　1張　56 cm×53 cm

正書

首題：大唐故冠軍大將軍行左龍武軍大將軍員外置同正員上柱國薛府君墓誌

鈐印：澹盦金石、倉永齡印

PT/327　李韜及妻崔氏合葬墓誌　佚名撰

唐天寶八年（749）十二月一日葬　河南省洛陽市出土

清末民國拓本　1張　42 cm×42 cm

正書

鈐印：倉氏金石文字

倉永齡題簽：丁巳年得

天寶九載歲次庚寅二月庚申朔一日

孫孫芳攀慕同極

夫人芳溫柔四德卜其宅芳安措彼原子等

安措之其詞曰吁嗟府君芳安措

二月卜塋水縣東北二里千齡卿平原禮也而

居心拳強向極崇槚槨備衣衾以唐天寶九載

儀享八十終朴范陽之私第也嗣子神福擊以

人霍氏秉生麀容有典有則克諧婦道明閒母

軍賞緋魚袋暨神龍元年終於上黨之松第矣

廿三賓萬擢弟便授懷州胡善府別將游擊將

公操凜言溫長杜律度文華冠廿武藝絕倫年

都騎衛澤州高平府拓衝都尉仁將擊將軍

擊將軍右武衛將軍右羽林長上撿挍安西副

衝轉居范陽今為范陽人也高祖諱霸游

為上黨人焉公季子希玉任幽州莫樂府北

公諱經字經其光寵西人也隨朝徙居上黨遂

李君墓誌銘

PT/328 李經及妻霍氏墓誌　佚名撰

唐天寶九年（750）二月一日葬　河北省保定市涿州市出土

清末民國拓本　1張　48 cm×47 cm

正書

首題：李君墓誌銘
鈐印：澹盦收藏
倉永齡題簽：戊午秋得於沽上

PT/329　王志悌及妻李氏合葬墓誌　佚名撰

唐天寶十年（751）十一月五日葬　河南省洛陽市出土

民國拓本　1張　35 cm×35 cm

正書

首題： 大唐故長安縣尉左授
襄陽郡穀城縣尉又移南陽郡
臨湍縣尉琅琊王公祔葬墓誌
銘序

PT/330 劉君妻王光贊墓誌 佚名撰

唐天寶十一年（752）十一月二十七日葬　河南省洛陽市出土

民國拓本　1張　44 cm×45 cm

正書

首題：故彭城劉府君夫人墓誌銘并序

PT/331　張皦墓誌　（唐）張晏撰

唐天寶十二年（753）二月十二日葬　陝西省咸陽市興平市出土

清末民國拓本　1張　48 cm×48 cm

正書

首題： 大唐清河張府君墓誌之銘并序

鈐印： 倉永齡印、澹盦金石

倉永齡題簽： 甲寅

ST/332　張朏墓誌并蓋　佚名撰

唐天寶十二年（753）八月二十六日葬　湖北省襄陽市出土

清末拓本　2張　59 cm×59 cm, 36 cm×36 cm（蓋）

正書，蓋隸書

蓋題： 大唐故張太守之墓誌
首題： 唐故太中大夫守新定
郡太守張公墓誌銘并序
鈐印： 澹盦收藏

唐故太中大夫守新之都夫 公墓誌銘并序

全蹔為襄陽之桂方正守□□龍伯父 □□益州切曹令祖玄伯 □□□□□□ 都督安州 □□都督府

公賢越州父都督 □□□刺史黑封范宗社 動庸 □□左率府兵曹 □□軍後復事又 □□□□中書令 □□漢陽贈都

漢贈都督府州承軍 □□□試職初公 □□□□新見轉 □□□□諸他 □□□□大

再州太守司馬寺贈 □□□長史朝散大夫浮州別駕司 □□供人與馬黃中有 □□□臨川加榮上作 □□樹頭王為地

之中都太守是贈蜀山 □□又雲拜平梁江水見此 □□淫浸如莒蔡 □□□洪波法南 □□聽采郡戶書之 □□□□

題佩刀和之女封馮之 □□縣太延君子 □□□□底坡比與 □□待於君廉 □□□□疾薨於 □□新定郡父母 □□□□

賓之女稟祿路諸侯 □□□□禮國典十載 □□□六日遇祐 □□□車泉孫相 □□州悲於從城 □□公歸職縣令

成寶凡五十有六路 □□天書 □□宗 □□次 □□□□明關乾 □□詩禮也德賛 □□先公 □□藥二

夫禮之隴西 □□□□中次殞德之君斯 □□貞合森於襄組洲 □□平原羊八月 □□禮也嗣子回 □□蓽公而藥二

善穆懍 □□十二 □□十二載天寶 □□其實錄將孫 □□臨於縣廿一 □□三日 □□蓽公而藥

棘於天寶 □□□命衰氏衰相 □□列士加天道 □□於正業弘大 □□大忠孝其

歷公族姑齊詩祖 □□海可詠 □□德先悲琴 □□世梁木空 □□人鳴隴西 □□

惟公斯緻尚書華 □□中書專銓體 □□順瑤娑 □□如月之 □□官政

肉則事姑齊病 □□禄雄謂伯奉 □□王二嗣子 □□藥翁 □□定多

純至執容辭 □□家設惟貞 □□□□□□ □□不滅 □□

于窈敬樹斯文 □□業設義方填終 □□子藥谷女 □□權殿

于穿於不朽 □□論母三 □□也權殿施 □□孝

PT/333　張元忠妻令狐氏墓誌　佚名撰

唐天寶十二年（753）十二月四日葬　陝西省西安市出土

清末民國拓本　1張　53 cm×54 cm

行書

首題： 唐故銀青光祿大夫行內侍員外置同正員上柱國張公夫人鴈門郡夫人令狐氏墓誌銘并序

鈐印： 倉永齡印、澹盦金石

PT/334　段常省塔銘　佚名撰

唐天寶十二年（753）建　陝西省西安市

清末民國拓本　1張　24 cm×35 cm

正書

首題： 唐故優婆姨段常省塔銘并序

鈐印： 滄盦金石

倉永齡題簽： 庚申冬得於津門

PT/335　黃攝妻劉氏龕銘　（唐）劉庭玲撰

唐天寶十三年（754）八月十日葬　河南省洛陽市出土

清末民國拓本　1張　34 cm×58 cm

正書

首題： 大唐故安鄉郡長史黃府君夫人彭城劉氏龕銘并序

鈐印： 倉氏金石文字

倉永齡題簽： 石在洛陽存古閣；庚申得

PT/336　韋瓊墓誌　（唐）范朝撰

唐天寶十四年（755）五月十三日葬　陝西省西安市出土

清末民國拓本　1張　46 cm×46 cm

正書

首題：唐故武部常選韋府君墓誌銘并序
鈐印：倉氏金石文字
倉永齡題簽：癸亥春得

PT/337　李昊墓誌　佚名撰

唐乾元元年（758）八月二十一日葬　河南省洛陽市出土

清末民國拓本　1張　52 cm×51 cm

正書

首題：大唐故吉州刺史隴西李府君墓誌銘并序

鈐印：倉氏金石文字、倉永齡印

威神寺故大德禪師墓誌

PT/338　思道墓誌　佚名撰

唐乾元元年（758）十二月二日葬　山西省運城市夏縣出土

清末民國拓本　1張　52 cm×49 cm

行書

首題：威神寺故大德禪師墓誌
鈐印：倉永齡印
倉永齡題簽：庚申得於都門

PT/476　楊光墓誌　佚名撰

燕順天二年（760）十月十三日葬　河北省邯鄲市磁縣出土

民國拓本　1張　37 cm×37 cm

正書

首題：□□故楊府君墓誌銘

倉永齡題簽：在安陽

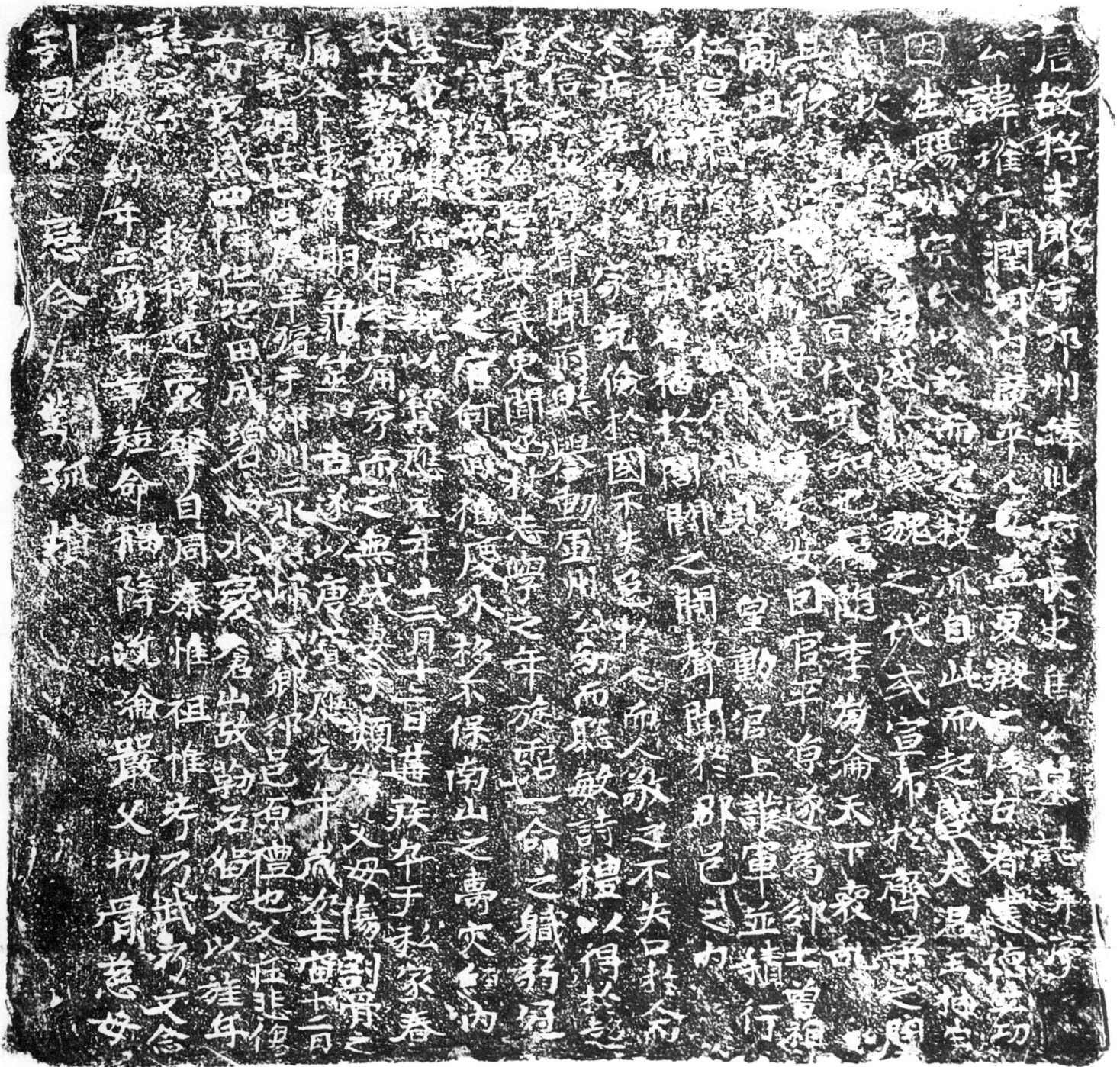

PT/339　焦璀墓誌　佚名撰

唐寶應元年（762）十二月二十七日葬　陝西省咸陽市旬邑縣出土

清末民國拓本　1張　42 cm×42 cm

正書

首題：唐故將士郎守邠州蜂
川府長史焦公墓誌并序
鈐印：澹盫
倉永齡題簽：按，"庚辛"
應有誤

PT/340　元復業墓誌　（唐）陳翃撰

唐廣德元年（763）八月十四日葬　陝西省咸陽市三原縣出土

清末民國拓本　1張　56 cm×55 cm

行書

複本：PT/440

首題： 大唐京兆府美原縣丞元府君墓誌銘并序

鈐印： 倉氏金石文字、倉永齡印

大唐故辛府君墓誌銘 并序

君諱庭其先隴西郡人也遠祖仕
魏遂為鄴城人焉曾祖祖亮
君積慶承象文德得性里茂仁株公其貞
弊觀友仰其規摸庶期壽繼彭
謂曰奄從逝水焉逝去成二年七月十
六日終于私苐春秋五十有四即自
大曆元年歲次丙午十
遷窆於故鄴城西南七里故縣村南
丰里平原禮世印劬勞
菩恩渌頹復念孤子希逸及女大娘
芳不朽其詞曰託貞珞禕
其生世榮其死也辰千秋已矣万古
泉臺

PT/341　辛庭墓誌　佚名撰

唐大曆元年（766）十二月十七日葬　出土地不詳

清末民國拓本　1張　39cm×39cm

正書

首題：大唐故辛府君墓誌銘并序

倉永齡題簽：辛酉年得

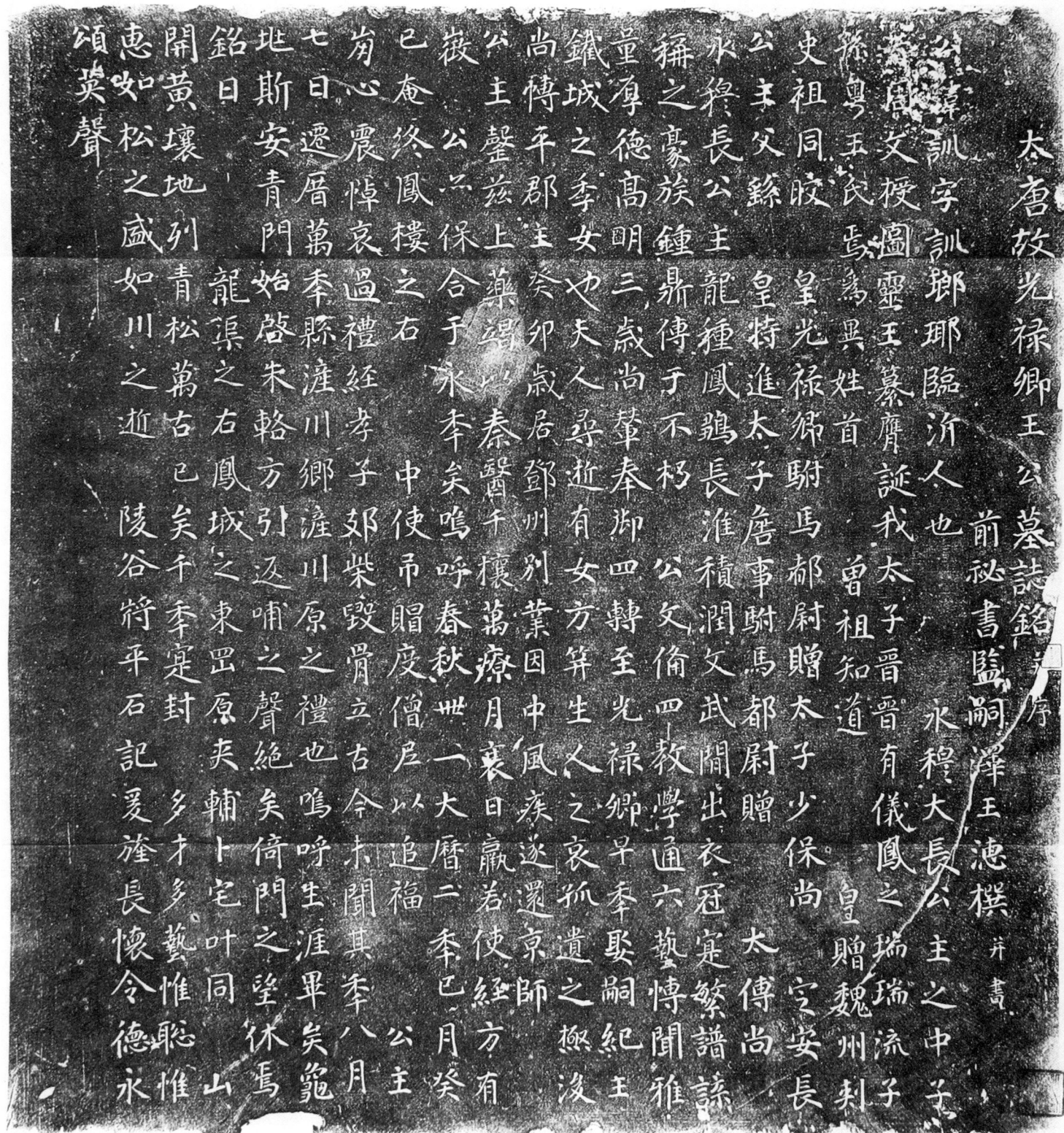

ST/342　王訓墓誌　（唐）王滽撰并書

唐大曆二年（767）八月七日葬　陝西省西安市田家灣村出土

清拓本　1張　60 cm×55 cm

正書

首題：大唐故光祿卿王公墓
誌銘并序
鈐印：倉氏金石文字、倉永
齡印

唐故張禪師墓誌銘并序

香山會善大德禪師諱義琬字思靖俗姓董氏河南陽翟崔
岳瞻枕沁日長天色慘塞樹慘霜頂白方面赤方
右年轉鮮感瑞嘉祥具載碑錄師夫涅洹而歸則玄僧世五
華後焚身義菓圍待其時也果七八年有文爲武朝士爲
國老忠義司徒尚書奏置塔寺度七人遺法居士爲記細額
共託蘂黃金述德幷由中書令傍校於郭公演授禪
父記首受僧德儀智海舟楫伏望釋門龍象心超覺路
天義請歸依身梵身没道素高爲賓襃異琬宜令世載芳
日近月十八依行慈悲菓爲學山萬法包納練行凝塵
遠流其月擇吉也行皆除下雲起星食月戶面河背山清淨
依翁見青霄卿卿卿春研方熊動
禪鈴塔磨日青青
寶劍塔銘日
天塔面長伊鈴搖岳風動天威力
行破羣邪業爲學戒月青空心珠自在
庶幾業爲學戒月青空心珠自在
塔面長伊鈴搖岳風動天威力無住無空

PT/343 義琬墓誌（張禪師墓誌） 佚名撰

唐大曆三年（768）八月十九日葬　河南省洛陽市出土

清末民國拓本　1張　42cm×42cm

正書

首題：唐故張禪師墓誌銘并序

鈐印：倉永齡印

PT/344　崔文修墓誌 （唐）崔玭撰

唐大曆六年（771）八月二十九日葬　河北省保定市定州市出土

清末民國拓本　1張　54cm×55cm

正書

首題： 大唐故曹州成武縣丞博陵崔氏府君改葬墓誌銘并序

鈐印： 滄盦金石

倉永齡題簽： 庚申得

PT/345　智悟墓誌　（唐）裴適時撰

唐大曆六年（771）十二月二十日葬　陝西省西安市藍田縣出土

清末民國拓本　1張　36 cm×35 cm

正書

首題：唐故净住寺智悟律上人墓誌銘并序

鈐印：倉氏金石文字、倉永齡印

倉永齡題簽：甲寅

古刻華章 首都師範大學圖書館藏倉永齡舊藏歷代石刻拓片

大唐故高士楊府君墓誌銘并序

德行以冠君子也藝術以資庫能也退身者終
藏其器守道者先通其名粵有高士故弘
農楊公諱崇字崇乃齊五常侍駙馬都尉荃州
刺史孝瑜之雲孫也祖倩故代州錄事參軍父
故商州上洛縣丞雖門傳動緒而身歇榮祿
登故保其清質玉潤無求於茂實芳聲內外稱之
但閭閻歌其惠如何藏冊不固近水傾謝烏呼
仁衰哉日月遄流星霜屢變憂泊皇唐大曆十
年乙卯之歲啓空壙與仙崗隱軫俯窿西賽
民合葬於洛陽卿面先禮也仙久永固於斯長
峨右闕左闕皆攴使大理評事須季女泣血請誌
子浙江東觀察攴之銘云
娘士見玄扃欲報攀慕無及哀號辟踴
僕士不敢也輒為之銘云
遷迤重崗峨峨雙闕旁臨運澗迴映松雪勁草
悲風寒煙慘月其府瓶蘢沈沈夜臺霜凝窩
薴風激寒埃傷百年芳橡忽耶一堅芳排個其

PT/346　楊崇墓誌　佚名撰

唐大曆十年（775）葬　河南省洛陽市出土

清末民國拓本　1張　35cm×35cm

正書

首題：大唐故高士楊府君墓誌銘并序

倉永齡題簽：戊午

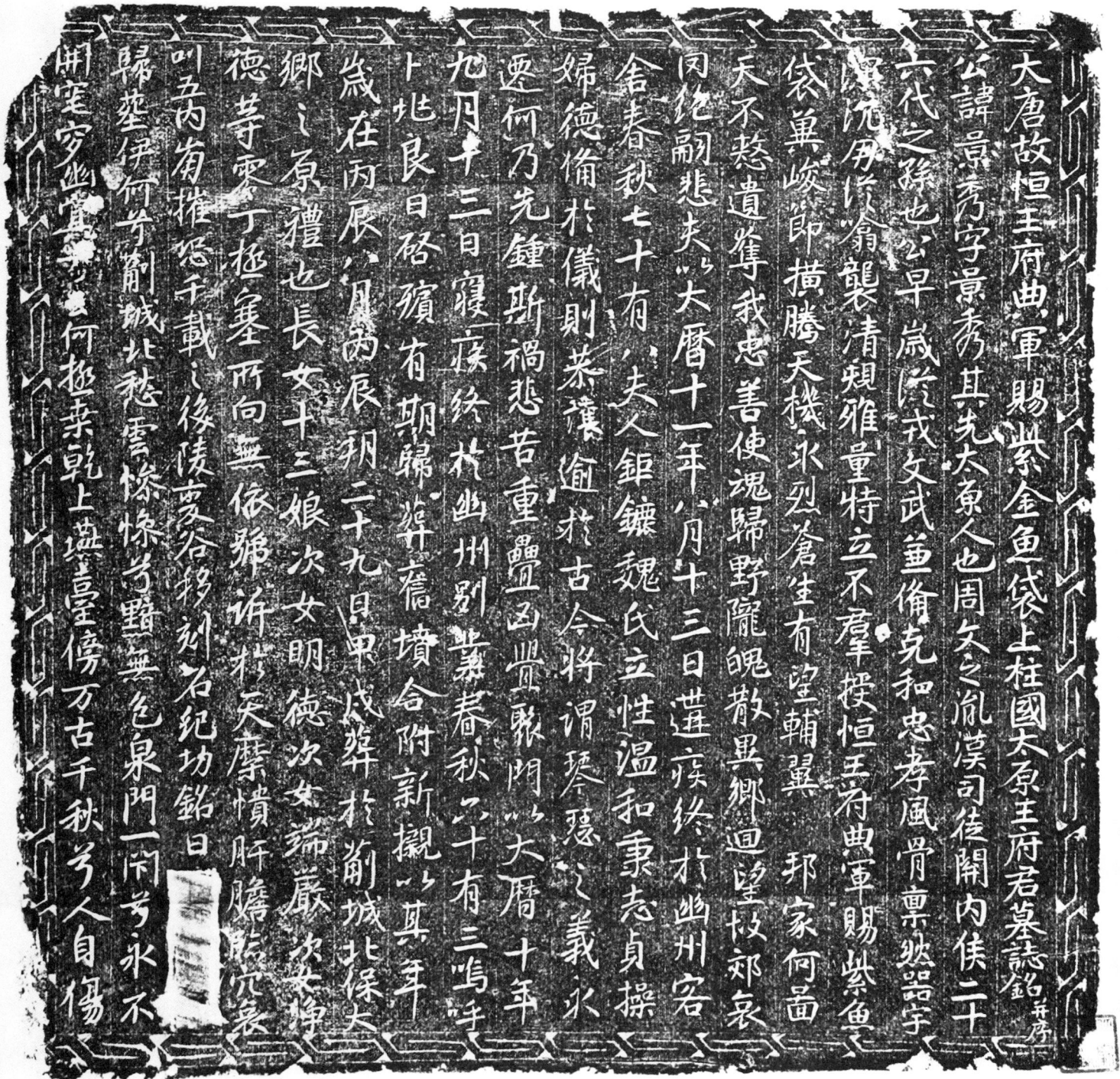

PT/347　王景秀墓誌　佚名撰

唐大曆十一年（776）八月二十九日葬　北京市大興區出土

清末民國拓本　1張　46cm×45cm

正書

首題：大唐故恒王府典軍賜紫金魚袋上柱國太原王府君墓誌銘并序

倉永齡題簽：庚申得於都門

前京兆府藍田縣丞竇公夫人弘農楊氏墓誌銘

進士丁贇撰

夫人諱瑩字諦聽弘農華陰人也曾祖沖冲府

皇司儀卿大父恩汝州刺史列考廙太子右贊善大夫

清德儒風家專盛譽史乃嶽也此門不書夫人即贊善

之第四女也孩幼之年嬉戲有度先舅早命廙命父親

柔違女子有行成禮出自竇氏復歸竇家軍父所

謂曰不失親亦可宗也嗚呼姑早廿而孝不於親德

戚不亦宜乎常謂姆姑繁昌君子偕老豈意松難異所至

霜露先周始震而鍾太夫人之妻毅瘠始至

滅性留左盡護持而免終然抱察經綿枕席之喪復禮

世有一以其載十一月廿二日權厝于洛陽殖業里之

也意為善無徵嗚呼哀孩致夫君之嬰孩周旋見討銘誌不文而

市福宗親鳴呼哀公周旋竟永涌行路慘感

竊媿非能銘婦楊氏盛族蘭莫薛姿亜璯玥玉

豈惟宗親鳴呼哀歸妻親始甚將歸于秦公之南原舍

寶家哲都門之北芒山之麓寒郊莽蒼連皆重複右運夫

喪令洲都門之北芒山之麓寒郊莽蒼瀧子是依神之所福勿疑來

吳雖設封樹懼移陵谷勒右為銘勿疑來臨嗚

PT/348　竇君妻楊瑩墓誌　（唐）丁贇撰

唐大曆十二年（777）十一月二十二日葬　河南省洛陽市出土

清末民國拓本　1張　36 cm×36 cm

正書

首題： 前京兆府藍田縣丞竇公夫人弘農楊氏墓誌銘并序

鈐印： 澹盦

PT/197　李君妻賈嬪墓誌　（唐）李文則撰

唐建中二年（781）三月二十三日葬　河北省石家莊市元氏縣出土

清末民國拓本　1張　41 cm×47 cm

正書

首題： 大唐故宣州宣城縣尉
李府君夫人賈氏墓誌銘并序

鈐印： 滄盦金石

倉永齡題簽： 庚申冬得於
津門

PT/196　陳君妻杜氏墓誌　佚名撰

唐貞元元年（785）十一月十七日葬　河南省洛陽市出土

清末民國拓本　1張　42 cm×42 cm

正書

首題： 故夫人京兆郡杜氏墓誌銘并序

鈐印： 澹盦金石

倉永齡題簽： 甲寅

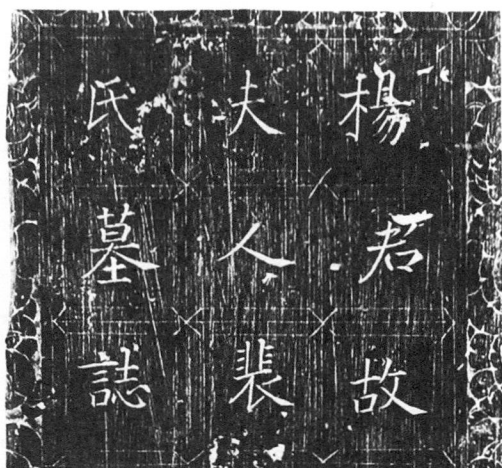

PT/198　楊君妻裴氏墓誌并蓋　（唐）李衡撰

唐貞元元年（785）十一月十七日葬　陝西省西安市出土

民國拓本　1張　44 cm×45 cm，21 cm×19 cm（蓋）

正書

蓋題： 楊君故夫人裴氏墓誌
首題： 唐絳州聞喜縣令楊君故夫人裴氏墓誌銘并序
鈐印： 翰墨堂段、倉永齡印
倉永齡題簽： 庚申得於都門

ST/200　鄭晃墓誌并蓋　佚名撰

唐貞元四年（788）八月十五日葬　河北省石家莊市趙縣出土

清拓本　3張　39 cm×39 cm，21 cm×21 cm（蓋），18 cm×19 cm（蓋陰）

正書，蓋篆書

蓋題：鄭公之銘

首題：大唐故趙州司法參軍鄭公墓誌銘并序

鈐印：楓林黄氏收藏經籍書畫金石文字、楓林黄氏收藏金石文字之記、倉氏金石文字、倉永齡印

大唐故趙州司法參軍鄭公墓誌銘并序

公諱晃字晃其先滎陽人也　祖希嚴懷州長史

容章州錄事參軍並瓌杬敏行慶流及公以孝友純深詢惠通

辭稼期暢朗曲異分明至於陰陽圖緯之經易象精敞之術人謀

鬼謀之輿出生入死之玄皆研覈真微窮理盡性皆宜不能

越其境神化不能通其情　連軍聞其風而悅之訪以機要

台無遺榮言必中愽當設伏宵軍決之吝候　公進以

命秘授以神機故得拾籔如遺前凶如草用酬公髙邑縣尉

轉趙州司法參軍　那伯教康是憂委以監守軍之稍令

官府之祿廪出納惟玄骨倰懌馬是以辦粟京抵紅腐流

行於戲白雞之年自知命定𢠹寫之地以授甚前所謂鏡窮

達而洞古雖古之哲人無以過也以貞元四年四月廿二日終於官

今春秋六十有二　夫人清河張氏克配君子佐理戊家衆不

踰開儉不過禮以其年八月十五日葬于髙邑縣西古原十

里禮也恐陵谷遷貿勒石昭德銘曰

研精而位乎通貫二儀深無不周芳隱無不知君之脩短芳晏

所期不可奈何芳夔而順之方應慶而随通念存者之空悲

PT/203　王仲堪墓誌　（唐）王叔平撰

唐貞元十三年（797）四月六日葬　北京市東城區出土

清末民國拓本　2張　59 cm×60 cm，58 cm×42 cm（跋）

正書

首題：唐故監察御史裏行太原王公墓誌銘并序

鈐印：倉永齡印

倉永齡題簽：庚申冬得於津門

唐王仲堪墓誌乹隆乙酉康戌間出於京師廣渠
門內翁檢討樹培宜泉得之置卧榻下祕不示人既而時
作光怪或中夜見緋衣坐榻隅宜泉懼不敢有嘉慶中
詔開唐文館余充撰纂官遂以石屬余曰不以此時表彰之使
前賢姓氏湮沒不傳吾之皋也余亟命工拓數十紙既錄其
文以補館書之遺并分贈海內金石家此碑蘇齋老人曾跋其尾
謂所云相國彭城郡王者幽州節度使劉濟也所云奉使於
蒲者河中節度使渾瑊也銘曰字猶見唐以前古意石藏
余家二十有九年道光丁酉移置崇效寺院壁崇效寺劉濟捨
宅事見析津志載永樂大典仲堪為劉濟參謀故使與幕
府相依北平徐松記是年三月南海吳榮光書

PT/205　崔程墓誌　（唐）陸復禮撰　（唐）崔稅書

唐貞元十五年（799）八月十三日葬　河南省洛陽市出土

清末民國拓本　1張　55 cm×55 cm

正書

首題：唐故河南府河南縣主簿崔公墓誌銘并序

鈐印：倉氏金石文字

PT/465　豆盧君妻魏氏墓誌　佚名撰

唐[貞元十七年（801）]十一月十四日葬　河南省洛陽市出土

民國拓本　1張　40 cm×40 cm

正書

PT/206　李孫孫墓誌　（唐）李藩撰　（唐）李淳書

唐貞元十七年（801）十二月三日葬　陝西省西安市出土

清末民國拓本　1張　30cm×30cm

正書

首題：趙郡李氏殤女墓石記

鈐印：滄盦金石

倉永齡題簽：庚申冬得於津門

PT/207　張容成墓誌　（唐）張安時撰

首題：唐故清河張氏女殤墓誌銘并序

唐貞元十八年（802）正月二十七日葬　河南省洛陽市出土

鈐印：倉印、倉氏金石文字

清末民國拓本　1張　47cm×47cm

倉永齡題簽：甲寅

正書

PT/208 張遊藝墓誌并蓋 （唐）高弘規撰

唐貞元十八年（802）十二月一日葬 河南省洛陽市出土

清末民國拓本 2 張 35 cm×36 cm，19 cm×19 cm（蓋）

正書，蓋篆書

首題：唐故相州臨河縣尉張
府君墓誌銘并序
蓋題：大唐故張府君墓誌銘
倉永齡題簽：癸亥十二月得

唐故相州鄴縣尉張府君墓誌銘并序

□□元十八年十一月七日前延州都督張延訓卒府
于湯陰縣□□府君之賓以其年十二月十□日歸葬
陽縣北景迹先塋夫人傅氏祔焉嗚呼昔莢西漢夏
侯太傅當謂諸生曰士苟明一經取青紫如俯拾地於大
也府慈謙進藝清河貝人授氏掃遂官婚嗣續以至于大
父鋸隋千年衛錄事參軍生王父倫皇朝沙州長史公
即長史之元子也幻以經術昇弟由涼州番禾主簿雁門
于安西以參郎制之畫授相州臨河尉當天寶之中方鎮
雄盛名非名芳行著無以雁年將以太傅之言或詠影而
墳而位止拈耳命壽殁於涷□服青紫軍生□
地之功果不全獎公聚同郡傅氏有子六人長曰延誠左衛兵曹
州都督次曰延訓臨州功曹參軍次曰延誡次曰延訓並
先公而殁次曰延訓山縣主簿次曰延諴次適于高
□□咸以仁和得乃厥位□三人長適太原王氏次適于高
書郎次曰瞰楊監察御史皆以文弟于春官並佐戎府次
陽齊氏次適太原王氏齊氏有三子長道澆人能至
□□又雁芳士之選大孝者德本時訓道澆人平能至
□□有令祔之瓏仁于我幻學于史或知前言行或知前言校書即
□□校書根心適孝延于外家佐賜氏屬奏終之儀俾北
行尖塚石奇詞用虞陵谷渤渟鷂高弘規撰
行□郡山堙原俏伏行快列□訓辭其族都督張公運終

PT/209　畢遊江墓誌　佚名撰

唐貞元十九年（803）七月一日葬　河北省石家莊市正定縣出土

清末民國拓本　1張　49 cm×48 cm

行書

首題：唐故畢府君墓誌銘并序

鈐印：澹盦金石

倉永齡題簽：庚申年得

唐毛公故夫人魯郡鄒氏墓誌
有唐元和元年歲在丙戌六月癸巳朔
廿二日玉子榮陽郡毛公妻魯郡鄒氏
不幸遘疾藥餌無助奄終於揚州
江都縣賛賢坊之私第享年二十
有七歲　蒞行賢和音容婉淑以配
君子四德有聞內合六姻外和九族何
當天不與壽昊泉臺朝育一安三男
慈訓在於人表男至存至戌等泣血歸
許宅地吉辰即以其月廿二日於子嘉寧
鄉之原礼也恐陵谷改易刻石銘云
生也有涯壽必有終　夫人永閟玄宮

PT/210　毛君妻鄒氏墓誌　佚名撰

唐元和元年（806）六月二十二日葬　江蘇省揚州市江都區出土

清末民國拓本　1張　32 cm×33 cm

正書

首題： 唐毛公故夫人魯郡鄒氏墓誌

鈐印： 倉永齡印

PT/211　裴復墓誌 （唐）韓愈撰

唐元和三年（808）四月葬　河南省洛陽市出土

清末民國拓本　1張　39cm×39cm

正書

首題：唐故河南少尹裴君墓誌銘

鈐印：倉氏金石文字

唐故山南東道[節]度右廂步軍使行左金吾衛大將軍員外置同正
員試殿中監上柱國食邑二千戶王公墓誌銘并序
府君諱大劍太原郡人也
曾渾涇原節度衛前兵馬使魚
祖方防秋左金吾衛歙聲
考令均五神策兵馬使開府儀同三司
太子賓客上柱國賜紫金奥袋溫雅有譽貞素立節公即左神策兵馬使
神人倫模指澄明識量端敏衣袋罷宇澄明識量端敏衣
將軍試太常卿上柱國賜紫金奥袋罷宇澄明識量端敏衣撿校領大
在節度副使驃騎大將軍試鴻臚卿平原郡王仙姿美政雅振歐聲

勇之略會殖巴之廣有
太原郡開國公食邑二千戶其為人也
絢綏軍之紀綱相國公念其宿將多在焉
以全才鳴呼壽不永位不崇有志未立何哉促以元和四年八
世日寢疾啓手足扑襄陽郡縣春基鄉漢陰里之私第春秋十
有七月七日寢疾
之平原用其年十月十三日
監助喪事仍給贈錢五十五布絹五
可謂隆家之嗣子義全家風不墜節度不趍以
現氏可克全家風不墜節度不趍
能並而聰敏泣在苫廬蓬首自念慈天縱非季子惟明女八娘之
皆及切而恐陵谷遷易遂刊石記德銘曰
天永道不間幼人生若浮蛋壙杳其舉不假壽永謝芳
德鴂於武功廠成永威孫電難留夫

PT/212　王大劍墓誌　佚名撰

唐元和四年（809）十月十三日葬　湖北省襄陽市出土

清末民國拓本　1張　45 cm×45 cm

正書

首題：唐故山南東道節度右廂步軍
使行左金吾衛大將軍員外置同正員
試殿中監上柱國食邑二千户王公墓
誌銘并序

鈐印：滄盦

倉永齡題簽：庚申得於都門

PT/213　何載墓誌并蓋　（唐）李元渝撰

唐元和四年（809）十一月十八日葬　山西省呂梁市興縣出土

清末民國拓本　2張　36 cm×37 cm, 20 cm×20 cm（蓋）

正書

蓋題： 何公墓誌
首題： 唐故廬江郡承奉郎行
樂陵縣丞攝樂陵縣令賞緋魚
袋何公墓誌銘并序
鈐印： 澹盦金石

唐故廬江郡承奉郎行樂陵縣丞南樂陵縣令嘗緋魚袋何公墓誌銘并序

奉義郎試博州長史李元瑜撰

公諱戡其先廬江郡承奉郎行樂陵縣丞母唐叔慶陵本封於唐子孫分散於德清安德縣有何氏焉

曾祖庶、皇汝州郟城縣令祖遇、皇博州錄事泰軍並抱德懷才位不充

量父仙雲生好典墳閑居樂道逍遙養德程酒自娛幼而有礼長而無

覽行敏於言又誠於沈醉讀書甚解作判稱之年總角仕敏策拔

陵縣尉父行樂陵縣丞播樂陵縣令政督遠播清白傳芳製錦

橫海軍節度使程公之用賢言刘其楚解褐奏綬景卿於車

作派邪出馬禊帶在於公定實乞時事一行景城縣尉芝行樂

宣鳳是資廉察曰公事罷又充郡度要稽權知市事卯主要

務奉公無私閭閻商賈霖集可不善當陵谷之石孝

登傳家之年忽然秋來長貳元和四年秋八月庚

終於郟弟公之臨終餘其子曰吾開人無常居因地為利可於

辰所擇不志乏地而舉長子仲昌仲均次仲堅仲邕等袞衆遍

礼須乎其至忐人任氏泉扬孤懷楽徒子黃尚之庶不斷受吊之

儀穆伯之妻能知畫臾礼冬十有一月庚申葬戊公於臨淮礼

崇孝鄉張司馬村之原礼也云二三子恐陵谷變遷請誌云所

庸戫祖考本宗於周緬緜子孫乎異代王侯

稜稜何公芳席上之珍駟鸞撫俗曾代人倫

巳奕武秋風明月終間峴山之賓

唐故左威衛丹州通化府折衝都尉陳郡袁公墓誌銘并序

鄉貢進士隴西李播撰

公諱秀巖，陳州陳人也。周之上卿，族流于後，今古有不事王侯，盛名咸論其行，皆以德行……

為光世之良能，懷經濟時，使下之策當……為人儉於樂，能守其興，可致養俾乎斯故……

父諱，皇左衛大將軍，知中軍兵馬事。節制丹州通化府折衝以……

監德者然也。曹祖諱劍，皇試太子通事舍人，列技蓋之深……

PT/215　袁秀巖墓誌　（唐）李播撰

唐元和五年（810）二月二日葬　河南省洛陽市出土

清拓本　1張　43 cm×43 cm

正書

首題： 唐故左威衛丹州通化府折衝都尉陳郡袁公墓誌銘并序

唐故深州下博縣尉承務郎試泗州長史高平畢府君夫人天水趙氏

墓誌銘并序

夫人其先軒轅之裔造父封國曰而氏焉厥後常山臨代無恤得將貽慶分源沇流瀋遠泰有焉為承相漢有奉壽為中郎魏晉已還纓組相襲遠祖因官經產孫雲於洺今為臨洺縣人也按蕭相國諡趙氏阿與范陽盧祖渤海封高濟河崔張長安韋杜俱為望族曾祖良輔潤州長史祖敬崇邯鄲縣丞孝憂德州平原縣主簿夫人自幼有令姿幷行婉敏端莊幽蘭隨風馥扇遠迴配美良士晬笄鳴環父諱從暘之言母諱從姑之禮閨門則而成範長史先夫人栢館十一年矣長史嗣有三子未淺

夫人畫荻終喪節而孀眼浣濯之衣豈膏沐之飾
孝友德州平原縣主簿夫人憲忘學而色嚴隱幼孤而心惻提首哀而瀹若或擇隣
童而寸艱夫人善教而政老戒芝蘭生幷階連環璧耀於堂廡於
而居或斷織以宗訓育衡長器皆姬孝友之慈與性俱生
承順季父雍穆閨門成苟陳之弟兄疏阮之絆婭難孝友之慈與性俱生
求在夫人善教而政夫人居年未高為多疾所嬰天遽降凶藥不待養而孜堂於戲泉重而深長
扶盡於山祖五年七月十二日終於定府崇業里之私第享年卅有六有子三人長
尉守左金吾衛仓執戟有女之人出家一人在室次心形骨殯慕血毺驪訴蒼
日元亮將徒郎試棠州司馬次元兒恒文林郎試左金吾衛兵曹叅軍季元敦陪戎授
原尚連山趾畢公寄幽宅於恒土屬方隔之阻兵遷祔未期禮授權也恐高峯
解圍今義晉調喪事將過難等承以其年八月廿二日窆於府城西南十五里公乘村之
抱岑義於部廬遽變泉務郎試左武衛兵曹叅戴同於馬援求樂類於顏生泣承臨殁之言追憶
之傾草戲珉他山圖英微音以宗浚續詞曰
重景沈光悲泉夕長哀歎夫人玉還蘭芳男孤未娜女家仍幼哀歎夫人
天不降祐巍上露晞車前楚挽長哀歎夫人謝世無友

PT/216 畢君妻趙氏墓誌 佚名撰

唐元和五年（810）八月二十二日葬 河北省石家莊市正定縣出土

不詳 1張 72cm×74cm

行書

首題：唐故深州下博縣尉承務郎試泗州長史高平畢府君夫人天水趙氏墓誌銘并序

鈐印：滄盦金石

ST/217　張噓墓誌并蓋　（唐）崔歸美撰　（唐）屈賁書并篆蓋

唐元和八年（813）十一月二十三日葬　湖北省襄陽市出土

清拓本　2 張　51 cm×51 cm, 27 cm×27 cm（蓋）

正書，蓋篆書

蓋題： 大唐縠城縣令故張府君墓誌

首題： 唐故文貞公曾孫故縠城縣令張公墓誌銘并序

鈐印： 澹盫收藏

唐故文貞公曾孫故穀城縣令張公墓誌銘并序

鄉貢進士崔歸義撰

公諱賵字明繼范陽方城人也漢功臣留侯之後五代祖岳陽王諱巴州刺史王諱……

軍贈持節蔡州諸軍事蔡州刺史比陽澧陽二縣令高祖玄弼唐長安縣尉益府功曹參軍事贈……

軍衆軍隨汙郢即隋諸軍事安州諸軍事安州刺史中宗朝……

都督安漢陽郡王贈司徒……曾祖來之故特進中書令監修國史……

上柱國漢陽郡王贈司徒配享……祖庭曆南東道廿四州採訪……

使自岳陽至於採訪皆累葉重光弈世載德義補天未績或黜陟幽明嘉祕……

皇駕部郎中曹婺等十一州刺史吳郡太守無江南東道……

公即採訪之第八子也起家以門蔭解褐補太常寺奉禮郎……

……皇帝追贈……高宗外戚擅權密擠神器諂降元天未移……

……貞元中公挺行懷表詣闕國寵被志……

之禍遂如夫燧廼補右武衛兵曹公衆軍貞元中……

績遂授進祿遺計公嘗念先祖有大功北非罪中禍讒誣竄逐……

老泊産祿遺計無恙而釋夷齊首陽萬古嘉數公……

之後名諡襄然決意挺行懷表……

一裔景公午馬分茅……區宇版版蕩上燦下黜……

門贊達于……經夷齊首陽……

下集幽識贊達于諡為文貞五王同時頼公之力也帝用增歎迴降明詔自宰臣……

誠一門裂去分……綸翰翩翩雪涕不隆遂不敢欺……朝廷嘉其壯節彈琴靜理高視……

可謂孝子產仁以白雲幾往採若嚴家山類鴻鶴之在宜呼上天不惠殲我良士閭者交……

雲水産仁以元和……長歲不德採若嚴家山類鴻鶴……故園服去西門脫……

鄭子變俗不憑……往採若……鴻鶴之色沮遂車圄公久……

不蹕起以大堂禮也……子珣先德於斯公一年而率……夏年六十七以其疾殲者……

……祔于舊邑……市家子仁於斯遊於斯夏年六月十九日發於私第次子瑞璪環等衛……

……田有蔓陵谷遷改若無雄識何以騙之文貞之孫採訪之好伯……

其憶蘭而退其兒如蘭久而孫芳萬古不刊……

……以憶如山為銘曰……令子問之……

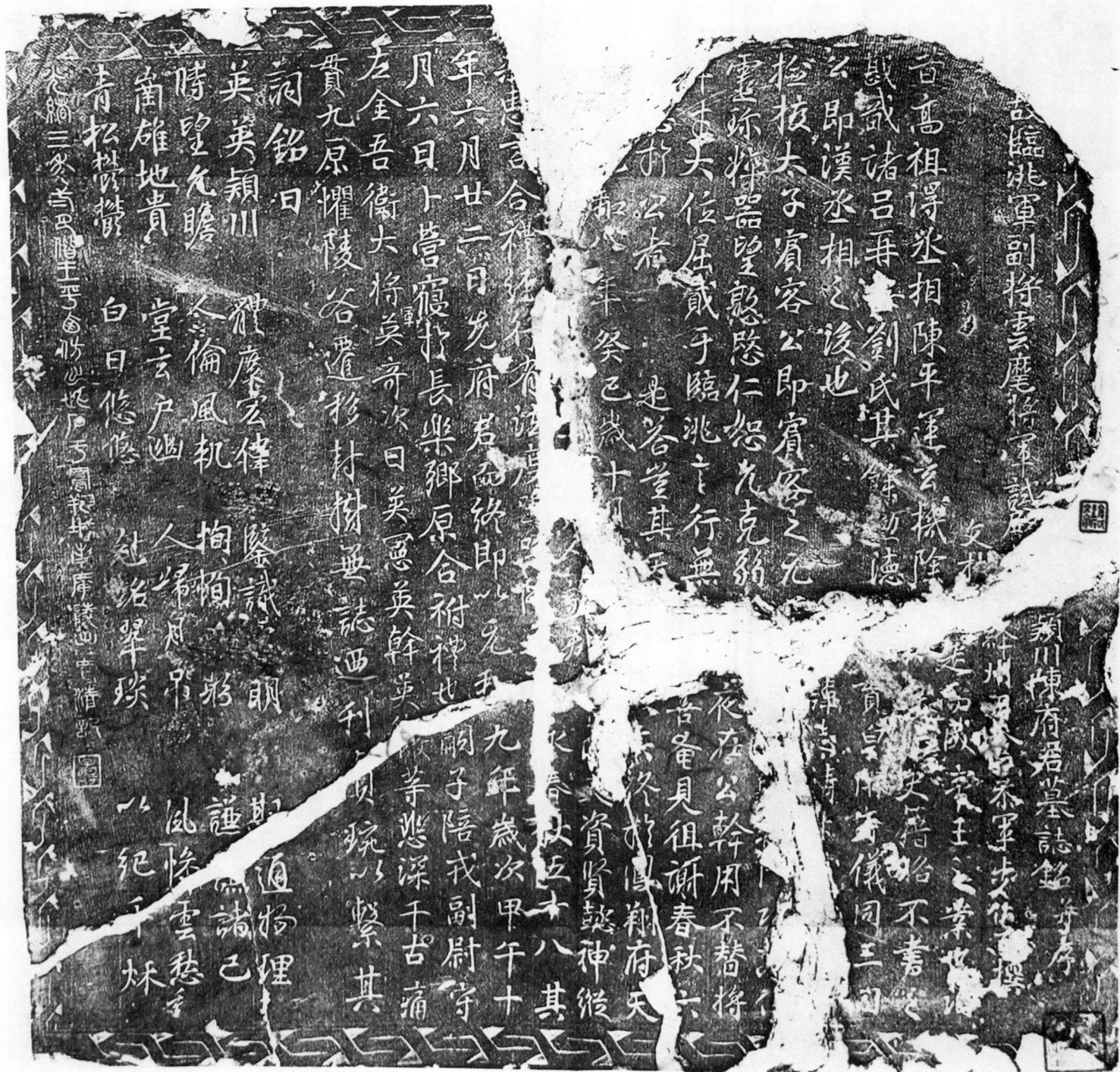

PT/221　陳志清墓誌 （唐）步佐□撰

唐元和九年（814）十月六日葬　陝西省寶雞市鳳翔區出土

清末民國拓本　1張　44 cm×44 cm

行書

首題：□故臨洮軍副將雲麾將軍試殿□□□潁川陳府君墓誌銘并序

鈐印：倉氏金石文字

PT/222　劉密妻崔氏墓誌并蓋　（唐）辛劼撰

唐元和九年（814）十月六日葬　湖北省襄陽市出土

清末民國拓本　1張　50 cm×50 cm，31 cm×31 cm（蓋）

正書，蓋篆書

蓋題：唐故夫人崔氏墓誌銘
首題：唐朝請大夫唐州長史兼監察御史彭城劉公故夫人崔氏墓誌銘并序
鈐印：錫青、倉永齡印
倉永齡題簽：庚申得於都門；石在襄陽

PT/223　魏邈墓誌　（唐）魏匡贊撰并書

唐元和十年（815）四月八日葬　陝西省西安市出土

清末民國拓本　1張　48 cm×48 cm

行書

首題：大唐故宣州司功參軍
魏府君墓誌銘并序

鈐印：澹盦金石

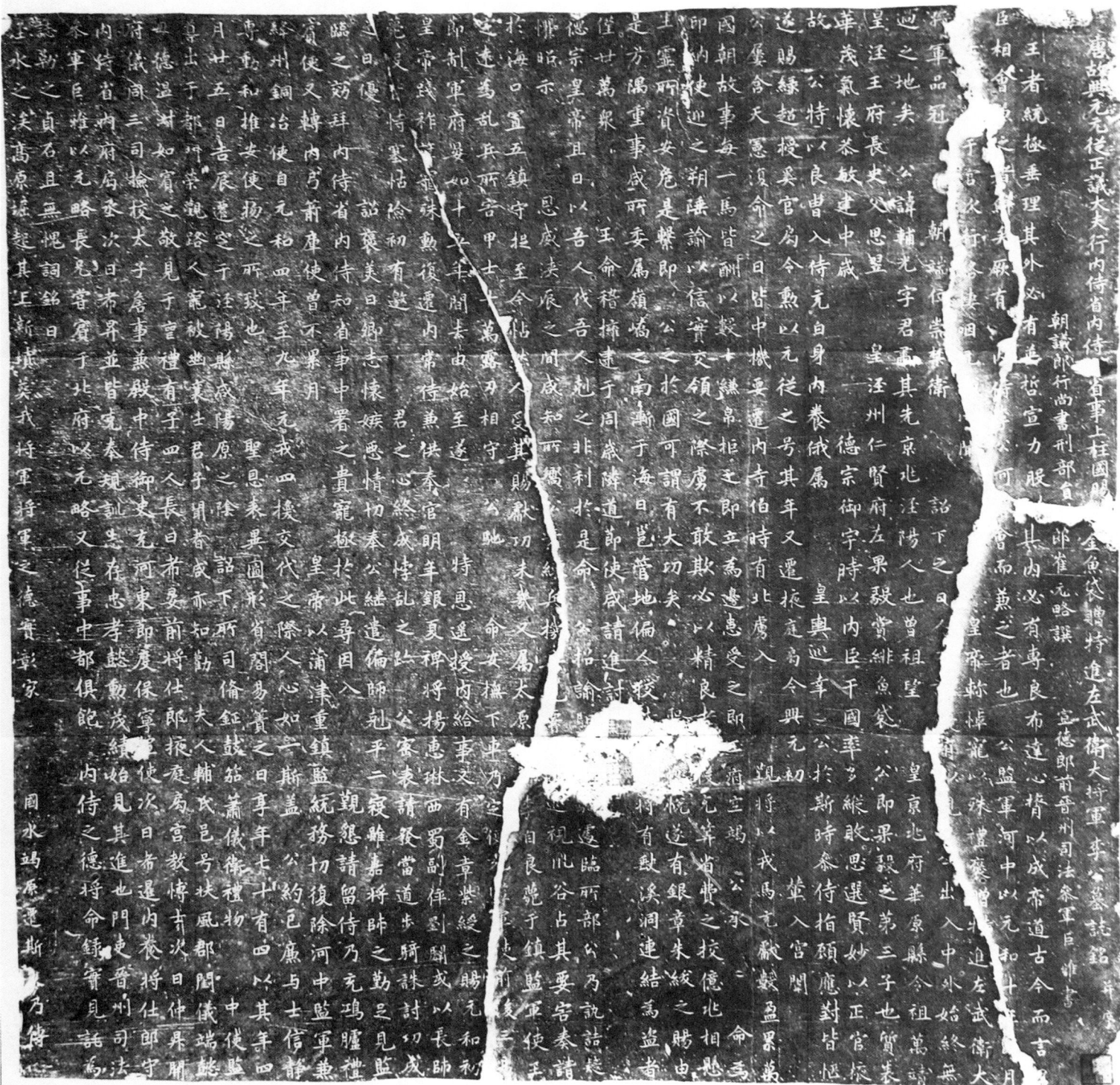

PT/220　李輔光墓誌　（唐）崔元略撰　（唐）[崔]巨雅書

唐元和十年（815）四月二十五日葬　陝西省咸陽市出土

清末民國拓本　1張　89 cm×89 cm

正書

首題： 唐故興元元從正議大夫行內侍省內
侍[知]省事上柱國賜紫金魚袋贈特進左武
衛大將軍李公墓誌銘并序
鈐印： 澹盦金石、倉永齡印

PT/224　李岸及妻徐氏合葬墓誌　佚名撰

唐元和十一年（816）十一月二十九日葬　河北省石家莊市正定縣出土

清末民國拓本　1張　46 cm×46 cm

行書

首題：大唐故李府君夫人徐氏合葬墓誌銘并叙

鈐印：倉氏金石文字

倉永齡題簽：庚申得於都門

君 故譙郡永城縣令趙郡李府君墓誌

府君諱崗郡贊皇人也諱崗姓李氏其先出於周柱史伯陽

栢仁其後武安廣武君尚樹勳力于時顯于册書至晉持書侍御史措仁

始列爲三祖府君東祖之胤也五代祖諱希籌有盛名於元魏世仕子

至黃門侍郎渚有故甲乙茅四州刺史侍中躬梁使主證文憲公魏氏重山崇氏仕

有唐益以光大爲故族有冀之志泊不著姓略之美煎綜人物之盛洎髙齊周隋

姓定天下門族有萬之科不唯地望之文憲公及姚父允王鳳早並爲

四海盛門祖諱晉客皇食郎中萬年縣令司農少卿府君當開元天

顯考諱貞簡皇河南府武臨縣令中外華顯推美於時位推他門而可以得禄者

寶闕天下無事士皆於中懷由道而勵學恥苟於己雖早屈不以爲潔幝褐守寧由是授

府君夫未嘗眉於平事少人逸俗修法禁不足上心愛人主意教不足以爲衙第相州内黃

縣郡永城縣令時佐滿歲從調時天官以身率下雲嬰沈疾易之地適當官舍遂

誰頑傲潛革俄屬燕薊之蔑亂天下禍夫人殘賊太原王氏江陵府洛陽喬遂

隄防其舉宿鰥孤顯康酒禮盛闔平邊夫人後盍賊莫申是非攸失

府名方起勤力之民衡門先遷于他之祠府君堅後益信莫申正

葉墓于縣郭邑之女也行仰髙族黨禮之□□府君而殘權之長河南府洛陽

縣東三家店之左右前歸祔至則元和十二年四月廿日自永城縣

將謀歸母之撰日備乘之奬越他人之丘寵填爲誠信莫申是非攸邑縣

且無鄰女之識用備禮盛閔平遷卜宅地於洛陽縣平陰鄉三家店

啓真護子絳以其年六月二十有四日音靈不昧舅歸如接盍所遵遺言

子孫子孫前秘書省秘書郎汪次孫前兵部尚書髙邑縣

之西北原興述而銘曰夫人之居也

幽感旷壁廕于慈此府君宅爲佳城蒼蒼

邙山之陽平陰之鄉府君宅爲佳城蒼蒼

吉以爲敬謹而銘曰 夫人地域疑於密迩

PT/225　李崗墓誌　佚名撰

唐元和十二年（817）六月二十四日葬　河南省洛陽市出土

清末民國拓本　1張　61 cm×61 cm

正書

首題：唐故譙郡永城縣令趙郡李府君墓誌

鈐印：滄盦收藏

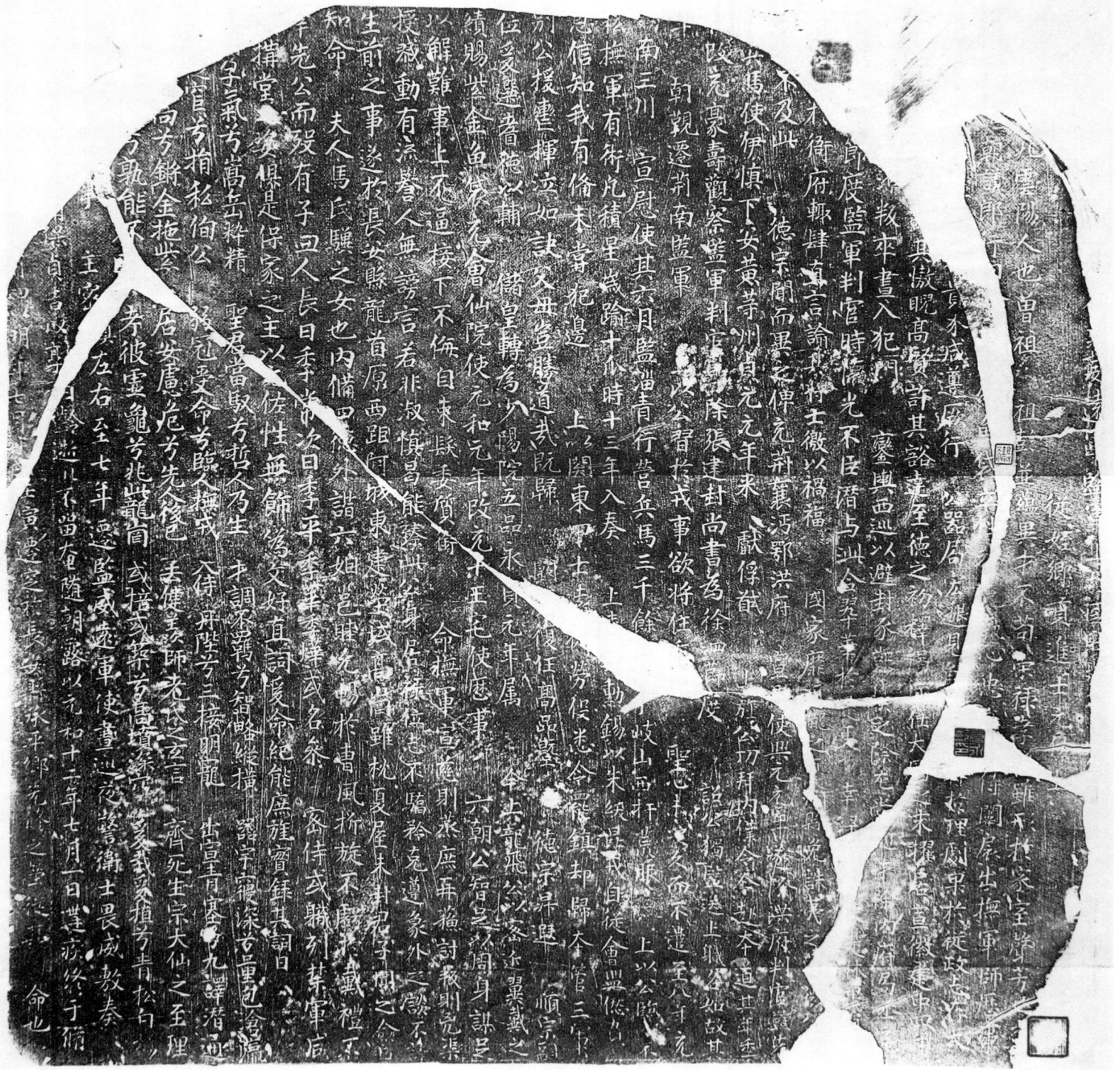

PT/226　西門珍墓誌　（唐）西門元佐撰

唐元和十三年（818）七月二十日葬　陝西省西安市長安區出土

清末民國拓本　1張　66 cm×66 cm

正書

首題：[大唐故朝議郎行宮闈令充]威遠軍監軍上
柱國賜[紫金魚袋西門大夫墓誌銘并序]

鈐印：倉氏金石文字、倉永齡印

倉永齡題簽：甲寅

章鈺題簽：此西門珍誌敝篋藏本未碎，無闕字。
己未七月朔，鈺記

PT/227　蕭子昂及妻高氏合葬墓誌　（唐）周儼撰

唐元和十四年（819）三月二十五日葬　河南省安陽市出土

清末民國拓本　1張　38 cm×39 cm

正書

首題： 唐故相州彭城郡蕭録公合祔墓誌銘并序

鈐印： 公垂所見金石、倉氏金石文字

PT/228　韋端墓誌　（唐）韋紓撰并書

唐元和十五年（820）五月一日葬　陝西省西安市出土

清末民國拓本　1張　45 cm×45 cm

正書

首題：唐故朝散大夫秘書省著作郎致仕京兆韋公玄堂誌

鈐印：倉永齡印、倉氏金石文字

倉永齡題簽：甲寅

PT/229　邢真賢墓誌并蓋　佚名撰

唐長慶二年（822）十一月四日葬　山西省忻州市定襄縣出土

清末民國拓本　2張　51 cm×51 cm, 48 cm×48 cm（蓋）

行書，蓋篆書

蓋題：邢公墓誌

首題：唐故邢府君墓誌銘并序

鈐印：倉氏金石文字、永齡私印

唐故邢府君墓誌銘并序

嗚呼公忠義昭著而名位不顯悲夫公諱真睾字真睾定襄人
也其先承后稷之胤肇周宣王之亂諸前周公旦子伯禽武王封
於魯後河間邢族之系也其祖乃為公為侯亦葉相冰子
孫遂家焉于今矣高祖曹祖隱諱不言以自寬貴於止
園琴酒為情優遊樂道列孝諱諱令名夙著孝譽素離
公即長也公翰達大度好周人醉鄉里稱之仁亥舊塋之
義行俱備三事正階肇朔祟禍歎歎致長唐三年壬茲葬
九月三日寢疾于渾河林茂之私弟享齡七十有六公以曰
旭旦遺告有如知許語倍昊靈神增奕曉辟畢溢然有如之歸
教藏備短之俚告今一發其年十一月丁巳朔四日庚申於舊塋
之方禮也夫人滿氏作範闈闈合雅琴瑟嬬居理家嘆不偕
老守煒次日暉季日光秀党朝並遠孝思創鉅廉寧縈暉
日光謹次日暉季日光秀初友吹燧舉卑多譽牧守壽之茂
少有奇能長而公略初友吹燧舉卑多譽牧守壽之茂
其禮稱耀陵谷遷變遂刻貞石水紀徽猷人楊茂實詞曰
腹人斲之又劂劶盒日忠著著夫駕產之集妻事盡衰盛
源長流潔善積家肥刑公樂道隱跡明時天福良人
一享年期頤達曙遺告晡已洞傾代希此德世無傳之
寒天日鬰榛蓋播晶危峯抱闕礱薄擁圻翾子雛辟
二母聖肌千秋兮永衒九泉兮長浴

唐朝散大夫檢校太子詹事襄州節度押衙兼管內諸州營田都知兵馬使及車坊使卜府君墓誌銘并序

鄉貢進士盧子政撰

君諱璀字□於公□□

PT/231　卜璀墓誌　（唐）盧子政撰

唐長慶二年（822）十一月［十六日］葬　湖北省襄陽市出土

清末民國拓本　1張　57 cm×57 cm

正書

首題： 唐朝散大夫檢校太子詹事襄州節度押衙兼管內諸州營田都知兵馬使及車坊使卜府君墓誌銘并序

鈐印： 永齡私印、倉氏金石文字

PT/232　曲系及妻蔡氏合葬墓誌　（唐）孫正言撰

唐長慶二年（822）十二月二十日葬　河南省南陽市出土

清末民國拓本　1張　51 cm×51 cm

正書

首題： 唐故貞士南陽曲府君
故夫人蔡氏墓誌銘并叙
鈐印： 澹盦金石

PT/234　楊瞻墓誌并蓋　（唐）任唐詡撰

唐寶曆二年（826）八月二十五日葬　陝西省寶雞市岐山縣出土

清末民國拓本　1張　48 cm×44 cm，26 cm×27 cm（蓋）

正書，蓋篆書

蓋題： 大唐故楊府君墓誌銘
首題： 唐故鳳翔節度押衙兼知排衙右二將銀青光禄大夫兼太子賓客弘農楊公墓誌銘并序
鈐印： 澹盦金石、倉永齡印

ST/235　盧士瓊墓誌　（唐）李翱撰　（唐）歐陽溪書

唐大和元年（827）九月一日卒　陝西省西安市出土

清拓本　1張　53 cm×53 cm

正書

首題： 唐故河南府司錄參軍盧君墓誌銘并序

鈐印： 倉氏金石文字

倉永齡題簽： 甲寅得於河東。方藥雨《校碑》以爲僞造，然字殊佳，姑存之

章鈺題簽： 敝藏道咸老輩陳粟園古歡樓本，未碎。藥雨定爲僞造，不知何據。己未七月，鈺

PT/233　吳達墓誌　（唐）寇同撰

唐大和四年（830）十月二十日葬　陝西省西安市出土

清末民國拓本　1張　44cm×44cm

正書

首題： 唐故奉義郎試洋王府長史濮陽吳府君墓誌銘并序

鈐印： 倉氏金石文字

倉永齡題簽： 癸亥春得

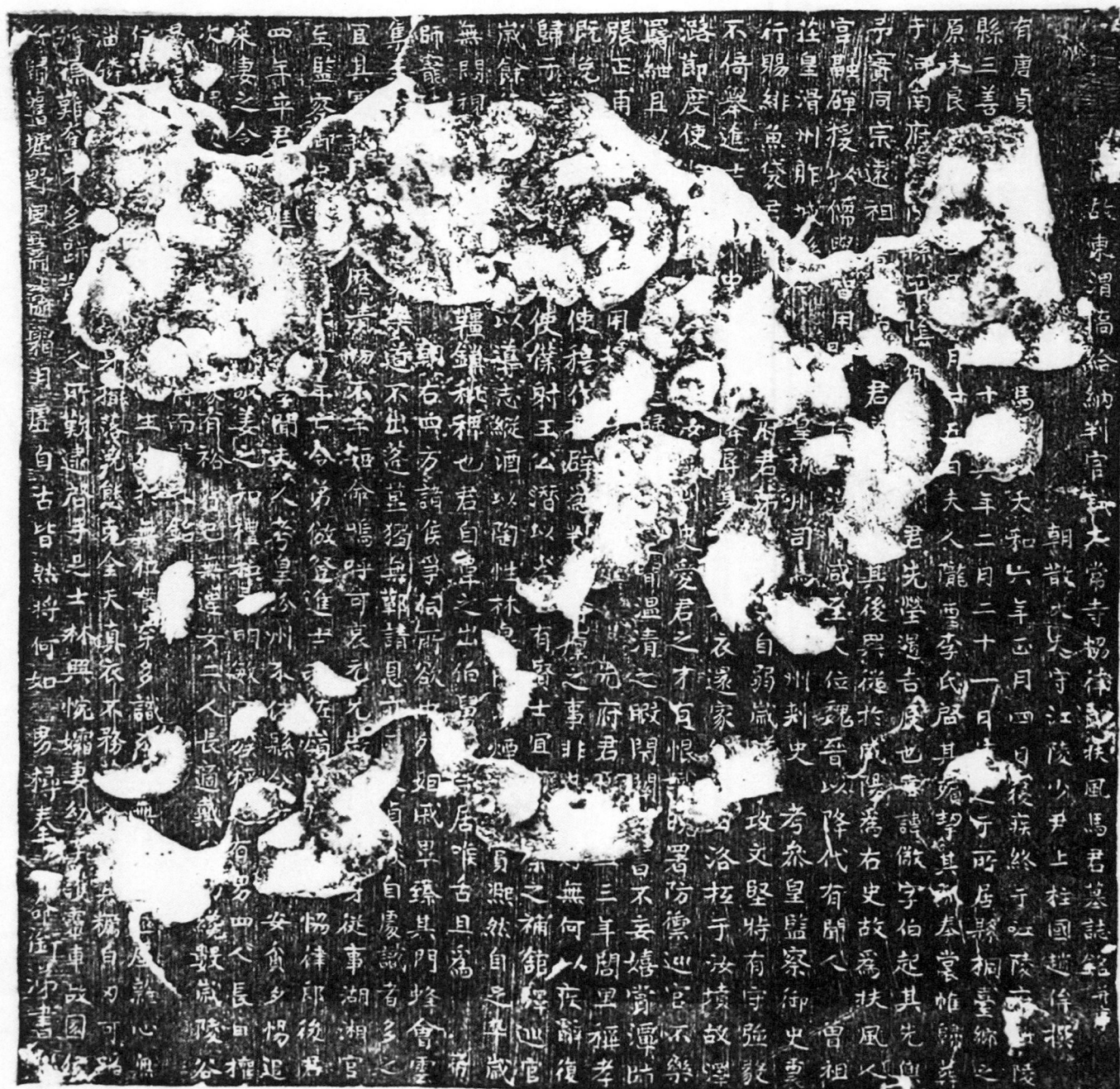

PT/236　馬儆墓誌　（唐）趙倬撰　（唐）馬栩書

唐大和六年（832）二月二十一日葬　河南省洛陽市出土

清末民國拓本　1張　38 cm×38 cm

正書

首題：唐故東渭橋給納判官
試太常寺協律郎扶風馬君墓
誌銘并序

PT/450　王承宗妻李元素墓誌　（唐）劉礎撰并書

唐大和六年（832）五月八日葬　陝西省西安市出土

清末民國拓本　1張　40 cm×40 cm

正書

首題：唐幽州節度衙前［兵］馬使王公夫人故隴西李氏墓誌銘并序

鈐印：倉氏金石文字

PT/237　劉密墓誌并蓋　佚名撰

唐大和六年（832）七月十六日葬　湖北省襄陽市出土

清末民國拓本　1張　43 cm×42 cm，22 cm×22 cm（蓋）

正書

蓋題： 大唐故劉府君墓誌銘
首題： 唐故朝請大夫唐州長史兼監察御史彭城劉府君墓誌并序
鈐印： 澹盦
倉永齡題簽： 庚申得於都門

故鄂

唐故
鄂州永興縣尉汝南周君墓誌銘并序

鄉貢進士侯璉撰

故鄂州永興縣尉汝南周君諱著字老壹唐戶部尚書

諱玄達京兆之孫六年擢鷄澤尉諱容尚書

曾孫笑達京兆之孫擢上弟兄和中擢褐晉州霍邑尉秩滿孝

廉調鄠尉君之鷄澤尉之嗣子則公也早歲窮二

次從調鄠尉布廬直之聲問望知矩人以則之嘗謂厚祿廣壽

以顯妲族嗚呼天不祐篤使名立三紀官繞二任而終以人

大和八年歲甲寅六月五日故岳州昌江令諱陟之子婦私第

享年六十八中外妻燕郡平氏女長曰媚奴省鵷弱

今儀作範遂稚逝女長日喜奴次曰媚奴省鵷弱

幼學導書 諸女二人長曰好古次好問及成人

二月丁未銷襄八日人攜持諸孤奉凱厚禄保眉壽而其年十

邊進長少妻貞順究已寅窆于河南府河南縣平樂鄉杜村

奈何作媚銘以序孤幼子而終則心慶危父何君之甚

歇故信敏方子之四全禄不祿遵賢幼子要女

恭寬後前君其殘芳何基斯還我匪君胡遺賢幼子要女

堅擢纍增敦芳字無涓然鄉紀貞石兮永開窮泉序

PT/238 周著墓誌 （唐）侯璉撰

唐大和八年（834）十一月八日葬 河南省洛陽市出土

清末民國拓本 1張 45 cm×45 cm

正書

首題：唐故鄂州永興縣尉汝南周君墓誌銘并序

鈐印：澹盦收藏

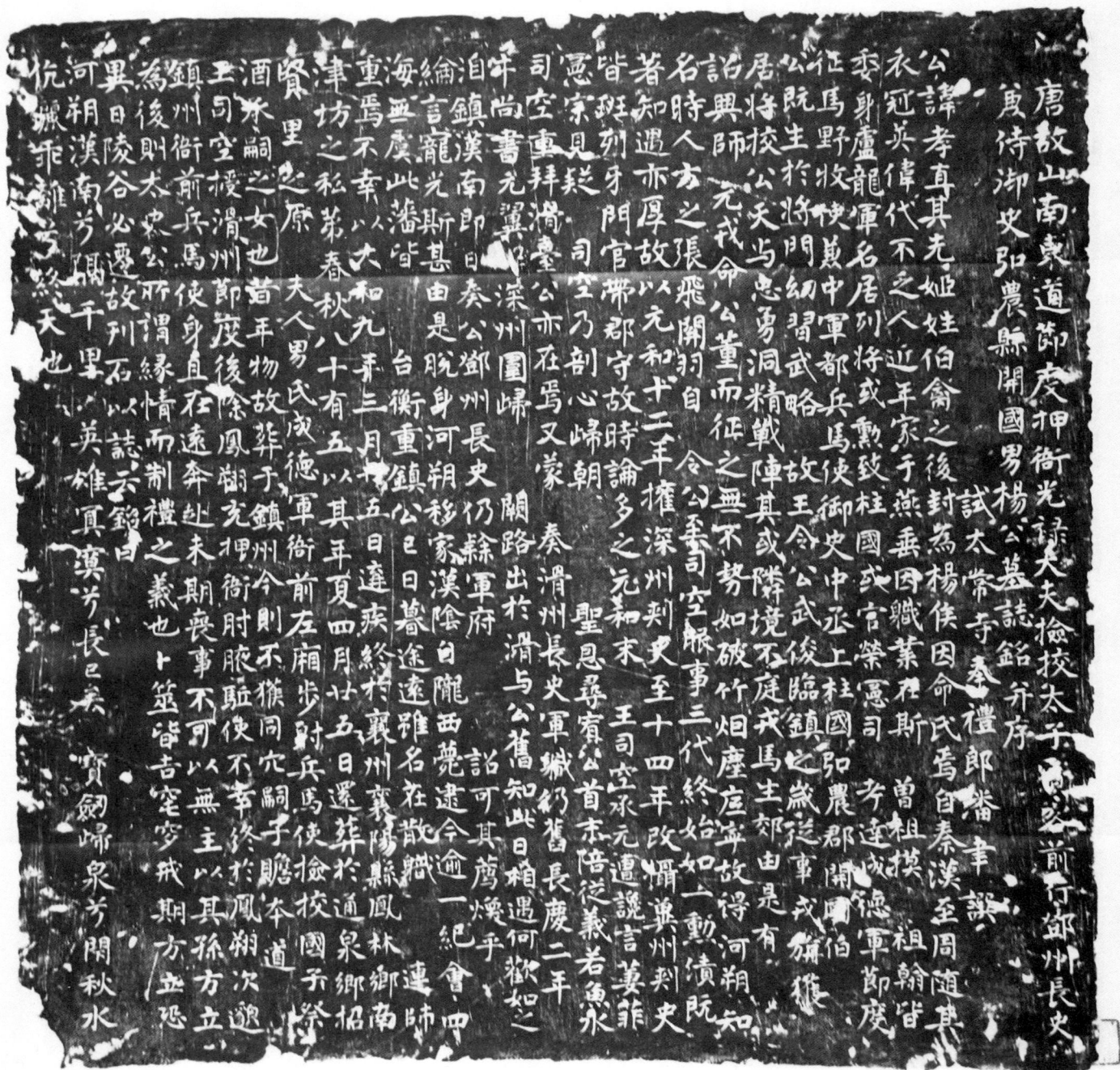

PT/239　楊孝直墓誌　（唐）潘聿撰

唐大和九年（835）四月二十五日葬　湖北省襄陽市出土

清末民國拓本　1張　57 cm×57 cm

正書

首題： 唐故山南東道節度押
衙光禄大夫檢校太子賓客前
行鄧州長史兼侍御史弘農縣
開國男楊公墓誌銘并序

鈐印： 倉氏金石文字

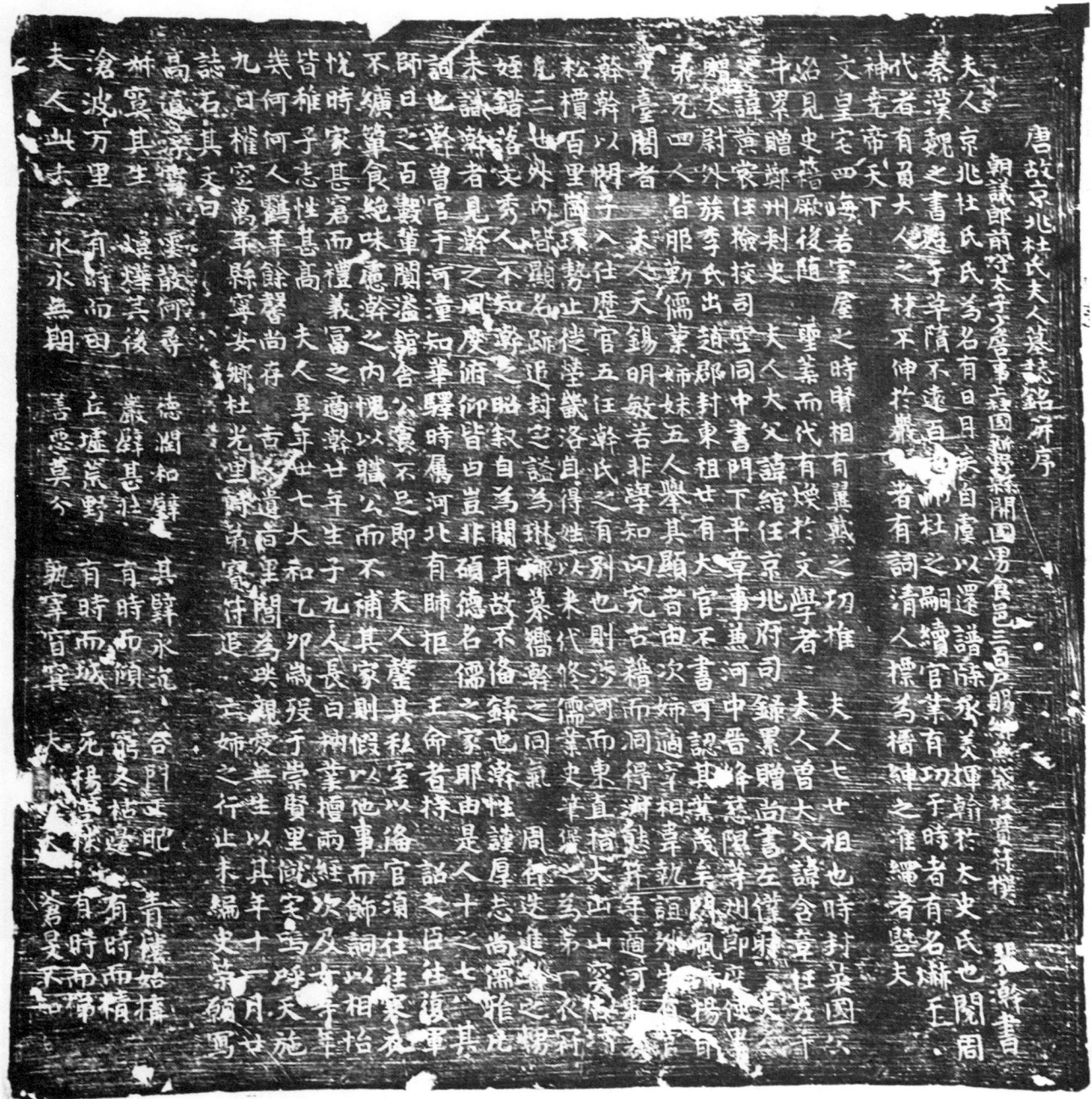

PT/240　裴瀚妻杜氏墓誌　（唐）杜寳符撰　（唐）裴瀚書

唐大和九年（835）十一月二十九日葬　陝西省西安市出土

清末民國拓本　1張　44 cm×44 cm

正書

首題： 唐故京兆杜氏夫人墓誌銘并序

鈐印： 倉氏金石文字、方可中拓

倉永齡題簽： 庚申得於都門

PT/241　劉公制墓誌　佚名撰

唐開成二年（837）□月二十九日葬　江蘇省徐州市出土

清末民國拓本　1張　45 cm×45 cm

正書

首題： 唐故彭城劉府君墓誌銘并序

鈐印： 倉永齡印

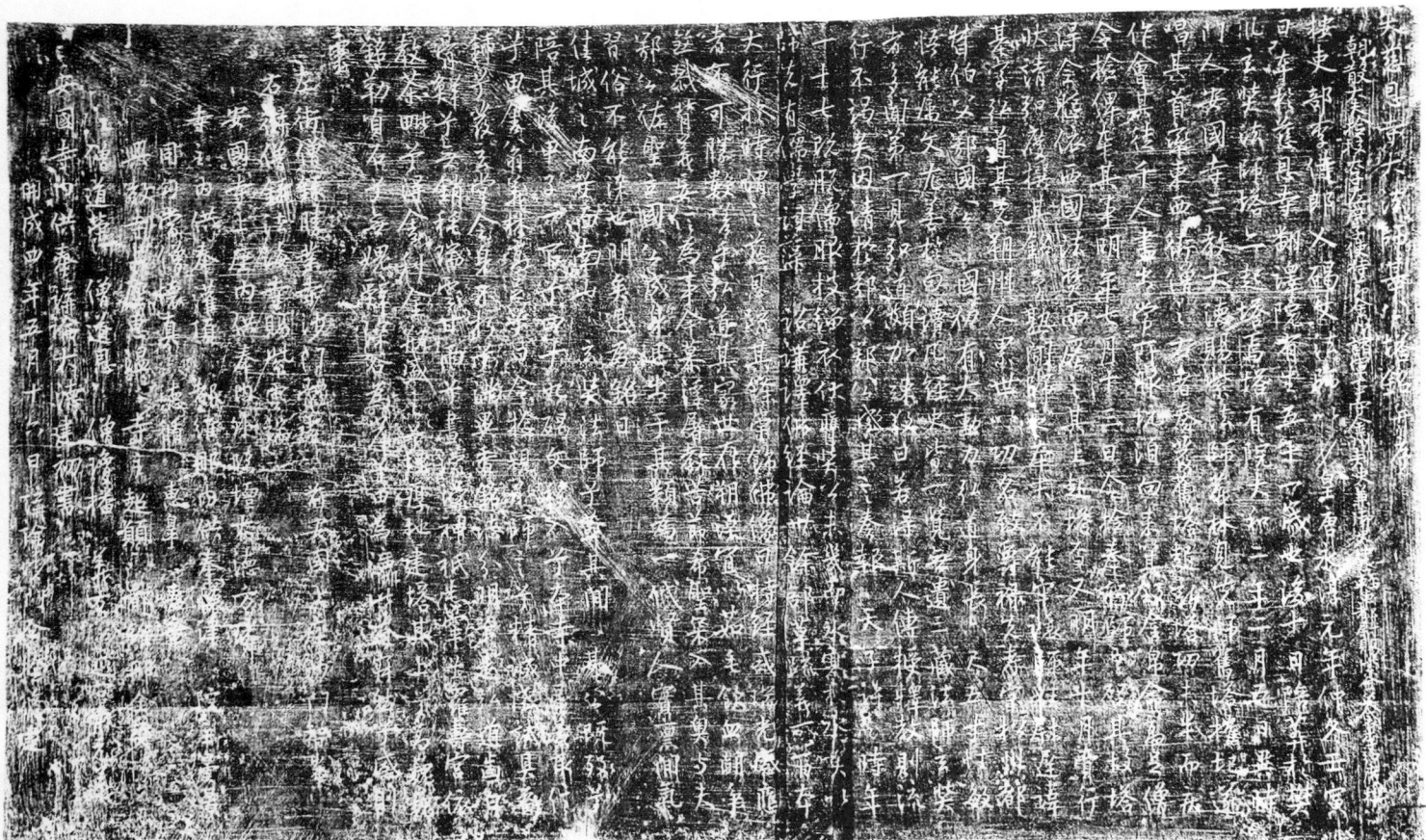

PT/242 基公塔銘 （唐）李弘慶撰 （唐）釋建初書

唐開成四年（839）五月十六日建 陝西省西安市慈恩寺

清末民國拓本 1張 49 cm×82 cm

行書

首題：大慈恩寺大法師基公塔銘并序

鈐印：錫青

倉永齡題簽：辛酉冬月得

PT/243　趙君妻夏侯氏墓誌并蓋　（唐）唐正辭撰

唐開成五年（840）十一月二十四日葬　湖北省襄陽市出土

清末民國拓本　1張　45 cm×44 cm, 21 cm×21 cm（蓋）

正書，蓋篆書

蓋題： 唐故夫人夏侯氏墓誌

首題： 唐山南東道節度總管充涇原防秋馬步都虞侯正議大夫檢校太子賓客上柱國趙公亡夫人譙郡夏侯氏墓誌銘并序

鈐印： 倉氏金石文字

PT/441　韋塤墓誌　（唐）陸汚撰　（唐）李宣晦書

唐會昌元年（841）十月二十四日葬　河南省洛陽市出土

清末民國拓本　1張　99 cm×99 cm

正書

首題：唐故朝議郎使持節明州諸軍事守明州刺史上柱國賜緋魚袋韋府君墓誌銘并序

鈐印：倉氏金石文字

倉永齡題簽：庚申十月得於津門

首題：唐故河南府司錄參軍
趙郡李府君墓誌銘并序

唐故河南府司錄參軍趙郡李府君墓誌銘并序

朝請大夫行尚書司勳員外郎崔璵撰 ……裴儇書

趙郡李君諱璆，字子韞。元和中忠武皇帝元……

……

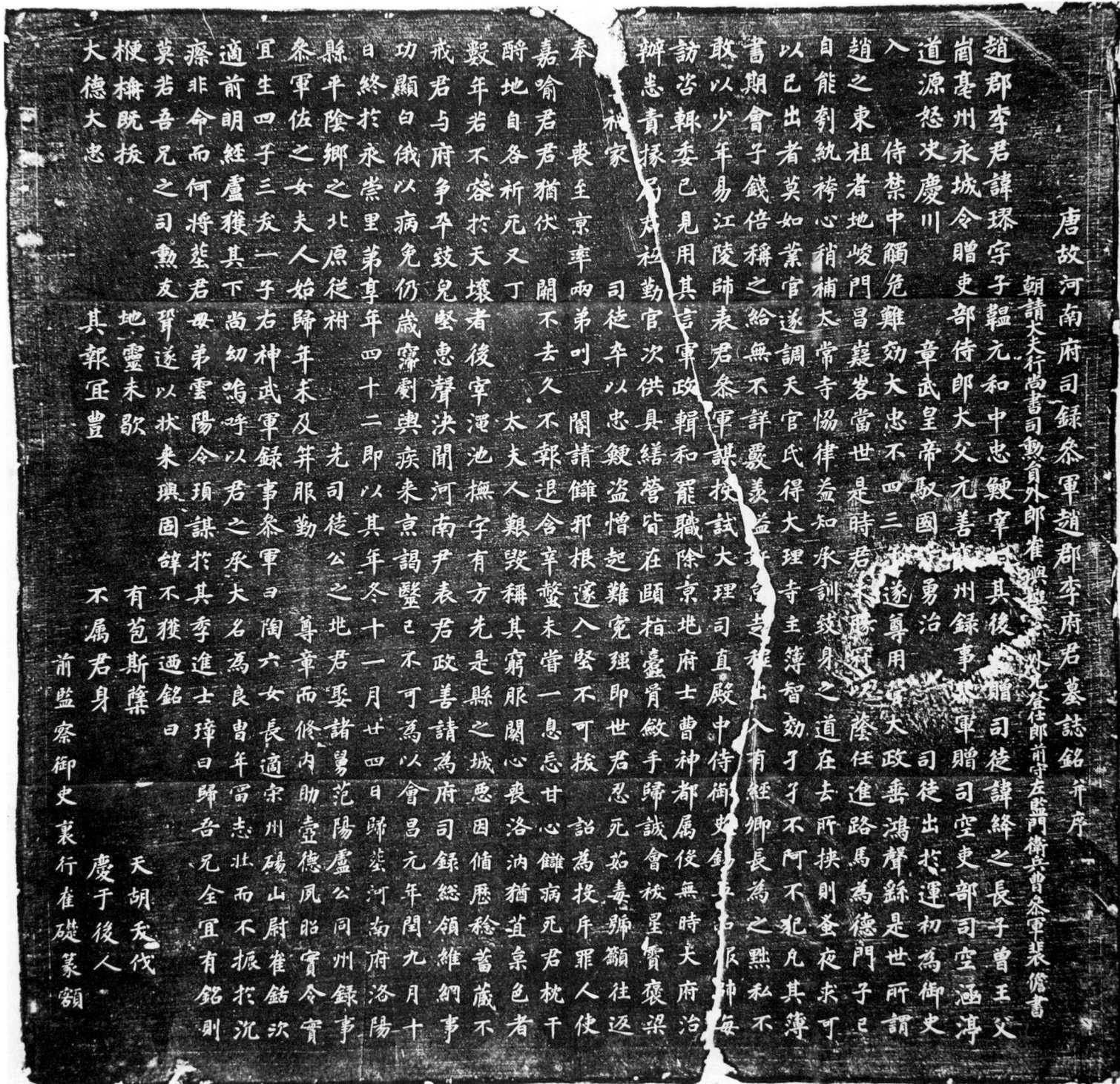

PT/442　李璆墓誌　（唐）崔璵撰　（唐）裴儇書　（唐）崔礎篆額

唐會昌元年（841）十一月二十四日葬　河南省洛陽市出土

清末民國拓本　1張　71cm×71cm

正書

PT/443　趙君妻張氏墓誌　（唐）沈櫓撰　（唐）安子書　（唐）宜郎篆額　（唐）閏郎刻

唐會昌三年（843）五月二十六日葬　陝西省西安市出土

清末民國拓本　1張　36 cm×34 cm

正書

首題： 唐趙公夫人故河内張氏墓誌銘并序

鈐印： 倉永齡印

唐故柳氏長殤女墓誌銘并序

名弟散大夫權知京兆尹上柱國賜紫金魚袋仲郢撰

嗚呼天不與壽而生不能成其美者

我家之殤妹名曰老師是也會昌五年五月

二十一日歿于昇平里第享年一十有六兄

于族係任京兆尹以為家有

仲郢諱嚴重不啓……六月……一日葬于杜城村准經制

惟我幼妹……敬……挥涕執筆誌其石云

也體舅以……

自知誠達難前定忽……其所歷疾病隱隔……

今兹炎忽定前……名乃蒲姻族

循短何難達……

天……知誠敬……福乃蒲姻族

賓惑余聽城南別業……號在孩提……謂宜承慶有生

臨穴于此保不安静……地開遑

PT/444　柳老師墓誌　（唐）柳仲郢撰

唐會昌五年（845）六月二十一日葬　陝西省西安市出土

清末民國拓本　1張　32cm×32cm

正書

首題：唐故柳氏長殤女墓誌銘并序

鈐印：倉永齡印

PT/445　魏邈妻趙氏墓誌　（唐）王儔撰

唐會昌五年（845）十一月二十三日葬　陝西省西安市出土

清末民國拓本　1張　51 cm×49 cm

正書

首題： 唐故宣功參軍鉅鹿魏
君夫人趙氏墓誌銘并序

鈐印： 澹盦金石

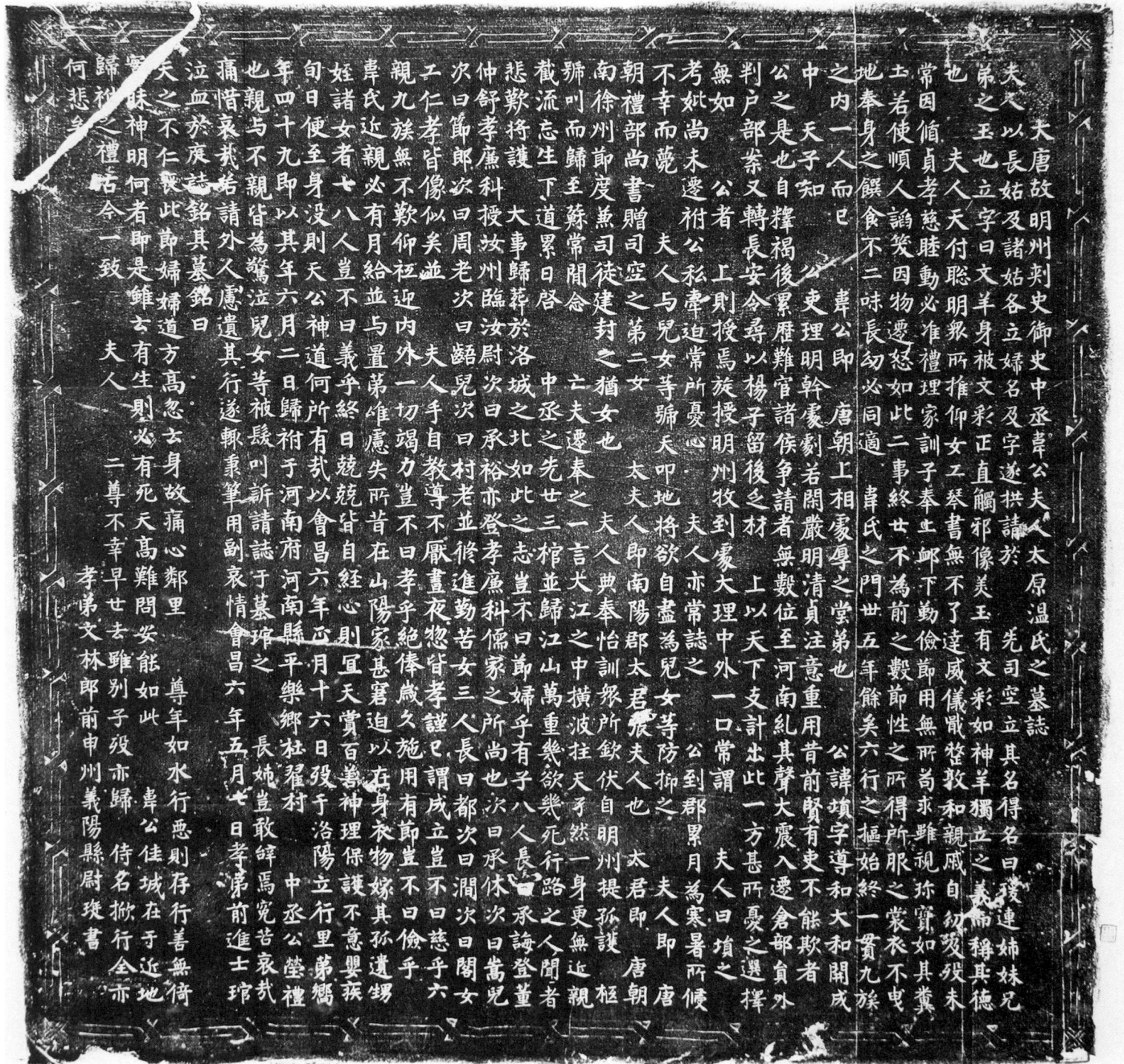

PT/194　韋塤妻溫瑗墓誌　（唐）溫琯撰　（唐）溫珽書

唐會昌六年（846）六月二日葬　河南省洛陽市出土

清末民國拓本　1張　79cm×79cm

正書

首題： 大唐故明州刺史御史中丞韋公夫人太原溫氏之墓誌

鈐印： 倉氏金石文字

倉永齡題簽： 與韋塤誌同時得

PT/446　王守琦墓誌　（唐）劉景夫撰

唐大中四年（850）正月二十三日葬　陝西省西安市出土

清末民國拓本　1張　45 cm ×45 cm

正書

首題： 唐故正議大夫行内侍省内府局丞員外置同正員上柱國太原縣開國男食邑三百户賜緋魚袋王公墓誌銘并序

PT/447　瞿君妻高婉墓誌　（唐）高立人撰

唐大中四年（850）十月五日葬　陝西省西安市鄠邑區出土

清末民國拓本　1張　45 cm×45 cm

正書

首題：唐故朝請郎行太子舍人汝南郡瞿府君故夫人（下缺）

鈐印：倉氏金石文字

倉永齡題簽：癸亥春得

PT/458　范義墓誌　（唐）郭珝撰

唐大中四年（850）十一月二十二日葬　山東省泰安市東平縣出土

清末民國拓本　1張　56 cm×56 cm

正書

首題： 唐故處士高平范府君墓誌銘并序

鈐印： 倉氏金石文字

ST/448　劉繼墓誌　（唐）徐有章撰

唐大中四年（850）十二月二十九日葬　陝西省西安市出土

清拓本　1張　42 cm×42 cm

正書

首題：有唐故成都府司録參
軍劉公墓誌銘并序

鈐印：澹盫

唐東都留守宴設使朝散大夫撿校太子中允上
柱國朱敬之亡妻范陽盧夫人墓誌銘并序
夫人姓盧諱子玉先因仕孟津其來積
代故戎粹于河陽馬列孝槙試宣州司馬娶吳興
她氏女生夫人幼而明敏承彎能尚孝敬之
道常慰慈心莫不克於組紝復緝績之奇故年自十七
歸于朱氏禮睦偕著進退無愆致俾家肥內正實中
也饋婦貞吉事舅姑苟有三善令則可略而言矣其一
也冬溫晨興宵寐必嘗藥專侍憂不謂令
雜其三也精于珎饌能調飪飪有斯三者可不謂令
婦孝婦武加以恭順娣姒諫敬親踈育下寬平稟言務
簡其於四德之雙豈異巫雲而謝鳴呼脩善里之私第時年卅
奄同逝水之逝先舅之塋禮也有子二人長曰君奕行
王申十一月有八日寢疾終于脩善里之私第時年卅
爰以明年癸酉歲四月十有三日葬于河南縣平樂鄉故
杜羅村從先舅之塋禮也有子二人長曰君奕行
華優茂次日善慶溫美如珪鳴呼孝如此賢如斯故
貞碩實錄于茲銘曰
盧氏之女朱公之妻有四德矣又三善万
邙山疊疊獨鶴衰唳孤鶯悲悽悽
野雲淒淒萬古何在白露若淚紅草如絲雜餘誌棄

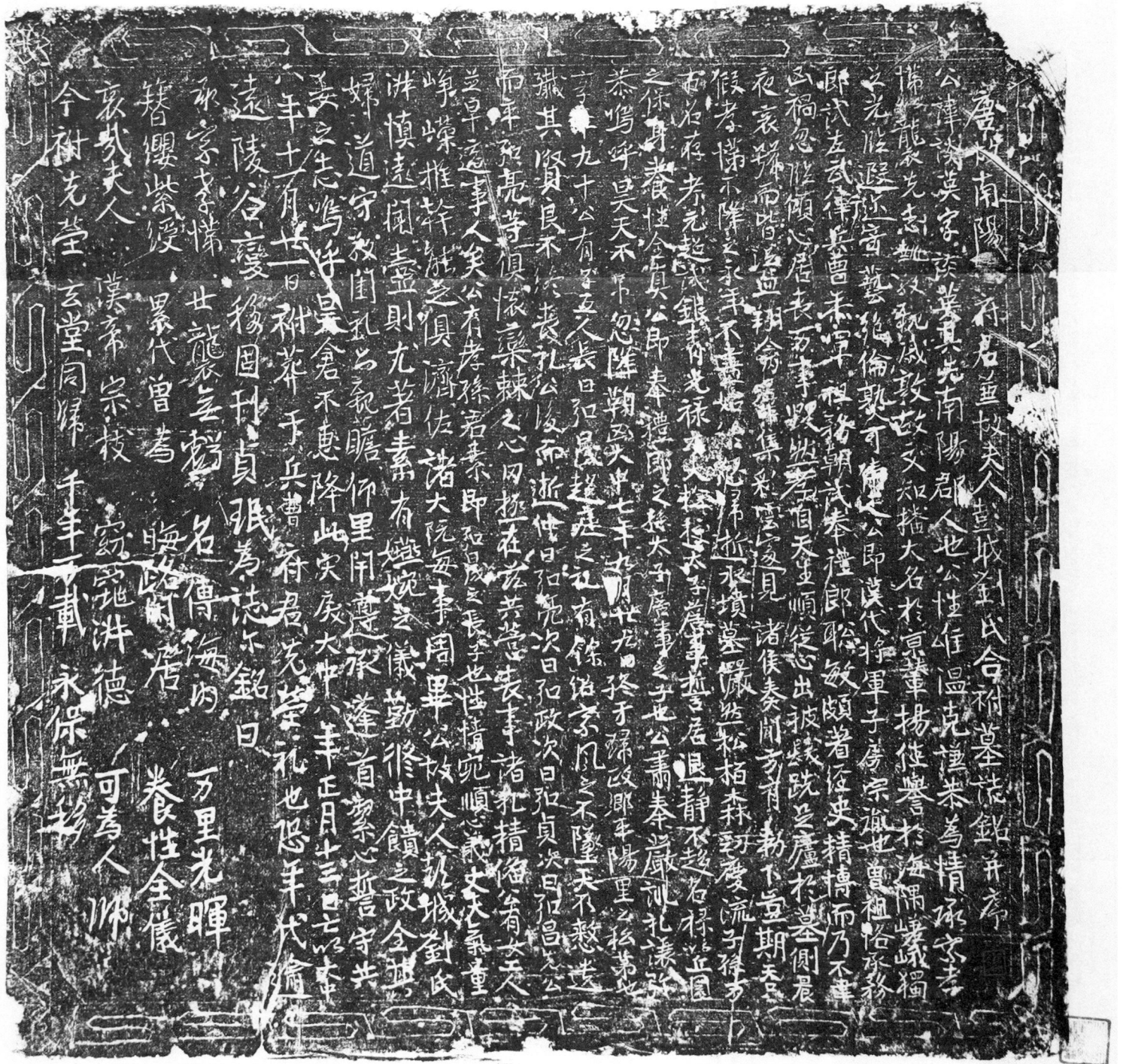

PT/451　張談英及妻劉氏合葬墓誌　佚名撰

唐大中八年（854）十一月二十一日合葬　河南省南陽市出土

清末民國拓本　1張　56 cm×55 cm

行書

首題： 唐故南陽［張］府君
兼故夫人彭城劉氏合祔墓誌
銘并序

鈐印： 倉氏金石文字

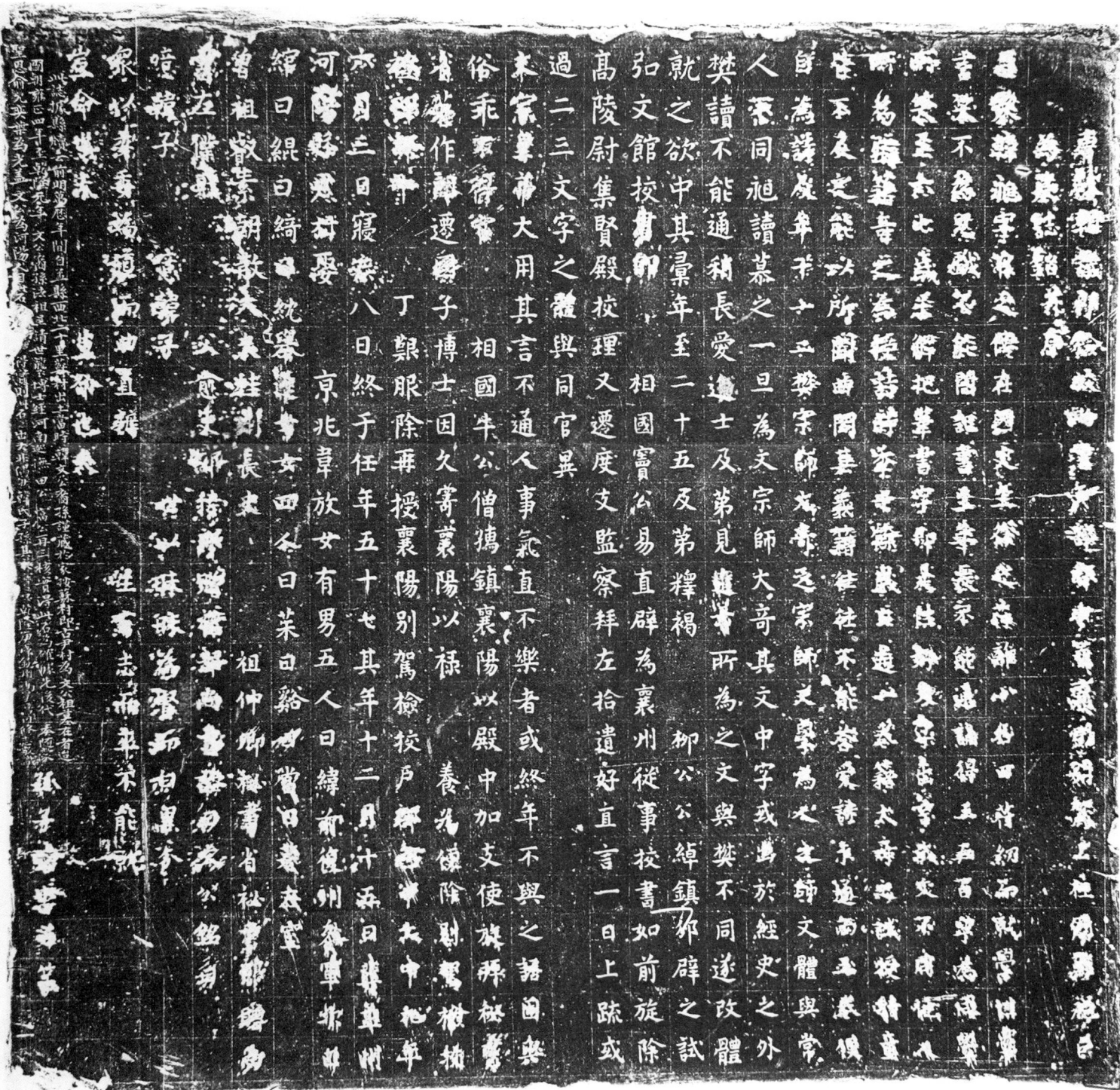

ST/452　韓昶墓誌　（唐）韓昶撰　（唐）韓縮書并篆蓋

唐大中九年（855）十二月十五日葬　河南省焦作市孟州市出土

清末民國拓本　1張　72 cm×72 cm

正書

首題： 唐故朝議郎檢校尚書户部郎中兼襄州別駕上柱國韓昶自爲墓誌銘并序

倉永齡題簽： 庚申得於都門

PT/453　李君墓誌　（唐）張元賓撰并書及篆蓋

唐大中十年（856）十月二十四日葬　內蒙古自治區呼和浩特市和林格爾縣出土

清末民國拓本　1張　51 cm×51 cm

正書

首題：唐故振武節度隨軍登仕郎試左武衛兵曹參軍上柱國李府君墓誌銘并序

鈐印：倉永齡印

PT/454　廣惠塔銘　（唐）令狐專撰　（唐）孔□□書

唐大中十三年（859）六月十八日葬　陝西省西安市出土

清末民國拓本　1張　58 cm×57 cm

正書

首題：唐故上都唐安寺□臨壇律大德比丘尼廣惠塔銘并序

鈐印：澹盦所藏金石

倉永齡題簽：庚申得

PT/455　盧公則墓誌并蓋　（唐）鄭愨撰　（唐）張甫鐫

唐大中十三年（859）十月十二日葬　湖北省襄陽市出土

清末民國拓本　1張　40 cm×40 cm，20 cm×20 cm（蓋）

正書，蓋篆書

蓋題： 大唐故范陽郡盧府君墓誌銘

首題： 唐信州玉山縣令范陽盧府君墓誌銘并叙

鈐印： 永齡私印、倉氏金石文字

PT/456　袁君妻王氏墓誌　（唐）王孟諸撰

唐大中十四年（860）四月五日葬　陝西省西安市出土

清拓本　1張　57cm×56cm

行書

首題： 唐故軍器使内寺伯賜紫金魚袋贈内常侍袁公夫人太原郡夫人王氏墓誌銘并序

鈐印： 澹盦金石、倉氏金石文字

唐故鄉貢進士滎陽鄭府君墓銘并叙

諱堡字子固其先滎陽人也仲兄前鄉貢明經迪撰

皇昇州司功泰軍祖俗曾祖之

秀錄事泰軍父賀皇殿中侍御史知福皇辰州

先院公即福先之幼子也公性忠

敏幼好詩書至於時事皆自生知噫天不

福遷羅禍罰以大中十四年九月廿七

日寢疾終于東都德懋里之私第甚年廿

正公無嗣以猶子小溫繼紹于後以其

年十月廿一日權窆于河南府洛陽縣平

陰鄉成村禮也

傷哉哲人宴有天聰嗟乎奇玉

不遇良工親朋有恨幽壤寧通

古木瀟瀟洛水潺潺衙宪寅寞

千年万年

PT/457　鄭堡墓誌　（唐）鄭迪撰

唐大中十四年（860）十月二十一日葬　河南省洛陽市出土

清末民國拓本　1張　31cm×31cm

正書

首題：唐故鄉貢進士滎陽鄭府君墓銘并叙

倉永齡題簽：癸亥十二月得

PT/459　申胤及妻施氏墓誌　佚名撰

唐咸通二年（861）十月九日葬　河北省邯鄲市永年區出土

民國拓本　1張　38 cm×43 cm

正書

首題：唐故金城郡申府君并夫人吳興郡施氏墓誌銘并序

鈐印：澹盦金石

倉永齡題簽：朱氏藏石

PT/460　馬惟良及妻王氏合葬墓誌　佚名撰

唐咸通三年（862）正月七日葬　山東省濰坊市青州市出土

清末民國拓本　1張　32 cm×32 cm

正書

首題： 唐故扶風馬公故夫人太原王氏合祔墓誌銘并序

鈐印： 公垂所見金石（殘）、倉氏金石文字

PT/461 程修己墓誌并蓋 （唐）溫憲撰 （唐）程進思書
（唐）程再思篆蓋

唐咸通四年（863）四月十七日葬 陝西省西安市出土

清末民國拓本 1張 53 cm×53 cm, 20 cm×18 cm（蓋）

正書

蓋題：唐故廣平程府君墓誌
首題：唐故集賢直院官榮王府長史
程公墓誌銘并叙

鈐印：澹盦金石
倉永齡題簽：庚申冬得

PT/462 孫嗣初墓誌 （唐）孫奭撰 （唐）孫阿陁書

唐咸通七年（866）七月三十日葬 河南省洛陽市出土

清末民國拓本 1張 70 cm×70 cm

正書

首題： □□□□□□□□
□□□州昆崑山縣令樂安孫
公府君墓誌銘并序
鈐印： 澹盦

PT/463　魏㳦墓誌　（唐）郝乘撰　（唐）李誠書

唐咸通九年（868）七月十八日葬　河南省洛陽市出土

清末民國拓本　1張　44 cm×43 cm

正書

首題：唐故留守兵馬使魏公墓誌

倉永齡題簽：癸亥十二月得

PT/464　劉思友妻王氏墓誌　（唐）楊去甚撰

唐乾符六年（879）二月二十四日葬　河南省洛陽市出土

清末民國拓本　1張　61 cm×60 cm

正書

首題：唐故文林郎試左武衛兵曹參軍彭城劉府君夫人太原王［氏墓］誌銘并序

鈐印：倉氏金石文字

倉永齡題簽：辛酉冬得於天津

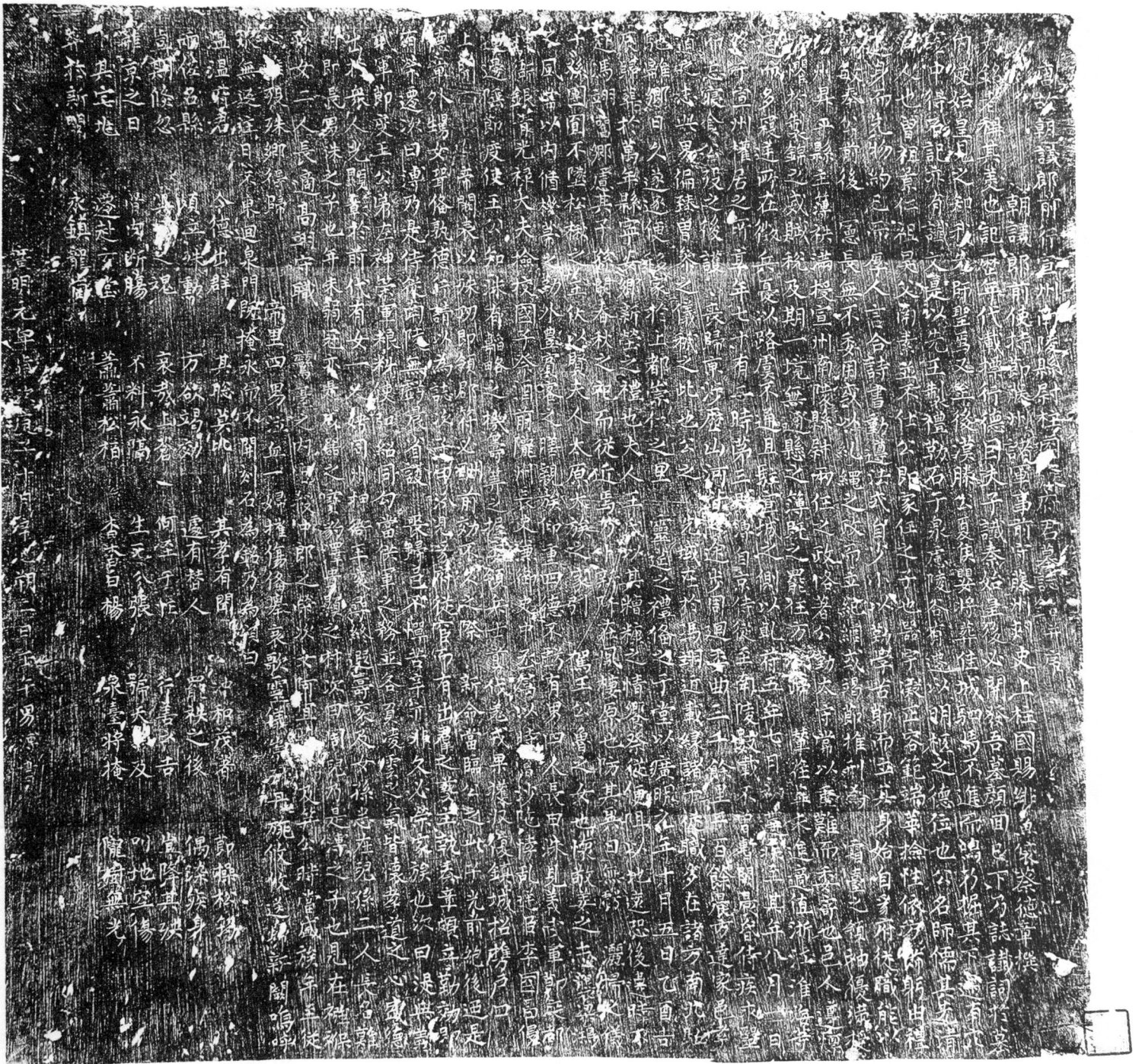

PT/466　張師儒墓誌　（唐）蔡德章撰　（唐）張溥書

唐廣明元年（880）十月五日葬　陝西省西安市出土

清末民國拓本　1張　59 cm×58 cm

正書

首題：唐故朝議郎前行宣州南陵縣尉柱國張府君墓誌銘并序

鈐印：澹盦

PT/470　孫譓墓誌　（唐）孫徽撰并篆蓋　（唐）孫縈書

唐□□□年七月三十日葬　河南省洛陽市出土

清末民國拓本　1張　63 cm×62 cm

正書

PT/469　杜君妻朱氏墓誌　佚名撰

唐□□□年十一月二十五日葬　陝西省西安市出土

清末民國拓本　1張　46 cm×46 cm

正書

首題： 唐故上騎都尉通直郎
行永康令杜府君夫人朱氏墓
誌銘并序

鈐印： 倉永齡印、滄盫金石

PT/468　爾朱逢墓碣　（唐）程彥矩撰

唐□□□年十一月葬　陝西省渭南市合陽縣出土

清末民國拓本　1張　39 cm×40 cm

正書

首題：唐故銀青光祿大夫檢校太子賓客兼監察御史柱國河南尒朱府君墓碣并銘

鈐印：倉氏金石文字、倉永齡印

PT/477　鍾公墓誌　佚名撰

後梁[開平五年（911）]四月十九日葬　河南省洛陽市出土

清末民國拓本　1張　36 cm×37 cm

正書

首題：大梁故會稽郡鍾公墓誌銘并序

鈐印：倉氏金石文字、永齡私印

倉永齡題記：誌多漫漶不可辨，公卒年似"辛未"二字。按，梁辛未爲乾化元年，公父卒於唐咸通六年，時公年廿有三。公享年六十有九，咸通六年至乾化元年辛未，與公年六十九適合，公卒年爲乾化元年無疑。澹盦氏記，時庚申十月廿二日

倉永齡題簽：石在洛陽存古閣；庚申得

PT/478　孫思暢墓誌　佚名撰

後晉天福五年（940）十一月十一日葬　山西省長治市屯留區出土

清末民國拓本　1張　50 cm×50 cm

正書

首題：大晋故孫府君墓誌銘并序

鈐印：倉永齡印

倉永齡題簽：庚申得於都門

PT/479　韓通妻董氏墓誌　（後周）王玭撰　（後周）楚光祚書

後周顯德二年（955）九月七日葬　河南省洛陽市出土

民國五年至九年（1916—1920）拓本　1張　60 cm×60 cm

正書

首題： 彰信軍節度使曹單等州觀察處置等使韓通故隴西郡夫人董氏墓誌銘并序

鈐印： 倉氏金石文字

倉永齡題簽： 石在洛陽存古閣；庚申年得

PT/480　田仁訓墓誌并蓋　佚名撰

後周顯德二年（955）十二月三日葬　山西省長治市出土

清末民國拓本　2張　47 cm×47 cm，52 cm×52 cm（蓋）

行書，蓋篆書

蓋題：大周故田府君夫人銘
首題：大周田府君墓誌銘并序
鈐印：澹盦金石

大周田府君墓誌銘并序

粤若烏兔迅兔轉經顏而頃對寒來暑往移白晝以逡巡崇枯晝屬
於倏舒貴賤此歸於歲謝痛傷雍露今古如然　曾祖天雄軍即度押衙
祖天雄軍即度押衙稻田務使　審志府君諱齊公之後是東齊三十一代孫
本衛州茶縣人也性樂丹青好遊泉石中年別土工靈成動小溫靈機迴得仙
妙長精神筆苗珊聖亂之風寫像圖真在夷則怠承佩游山遨水屋隔
則頌美貓黃況煙霞於洛盍之相切於名顏人者嶼媁水於所宕以上丙推聯近
歷厲行鄉瞻石室四訪五臺勝境飛遊……靈蹊一盡切
切为寺院為摽則方偏宮城本重水耀人風鳥忍郡府管謂……
高於顏德三年四月十九日七十有二終於私第……
望扵崇行結令歟於盛戚訓子揚藍……
九族本聖坪堂龍製慶丹臉長多哭……
二十有七終扵家茅有子四人長男前平畫軍司馬……
尋俊人兒時涂浩之黃波方頃之資妙蹊神搜奇切扵次名……
例細壯爾畫盡得僧瑤之妙圖成崔凱之神長漸綿常氏次新婿郝氏次新婿……
秦氏名烈女安堂重母儀蕭奉姑婵敬蓮燁妥加尊甲雍裸少長平和孝……
行高新德風遏被各畫終天之敬成周平地之勤劬泣其以無因泉素戴難……
而莫遇令則噎合天道北契亍年通特下嘉螢朝茲神餉扵顯德二海武次……
乃卯十二月乙丑朔三日丁卯合苐升扵府城東三里其地也左連碧岫石注清……
漳前扵五龍莫名於銘勤戌所石彈詞日……
地久天長草名扵陰陽合節天地文儀鑒土成壤靈名為基……
黃泉雜送自日為移地連九牧道令幽窨遼嗟通嘉秋孙報雲……
東泉雜送地連四維　孫男翁審　遷觀悅院
　孫女　大姐　三姐　檢得　姐兒
　男孫食祿　勒石鏤動將期後族

789

PT/482　韓通墓誌　（宋）陳保衡撰

北宋建隆元年（960）二月二日葬　河南省洛陽市出土

民國五年至九年（1916—1920）拓本　1張　64 cm×64 cm

正書

首題： 故檢校太尉同中書門下平章事使持節鄆濟等州觀察處置等使兼侍衛親軍馬步軍副都指揮使仍加食邑伍佰户食實封貳佰户贈中書令韓公墓誌

鈐印： 倉氏金石文字

倉永齡題簽： 石在洛陽存古閣；庚申年得

790

PT/483　杏氏墓誌 （宋）楊弼撰　（宋）錢昱書　（宋）歐陽壽鐫

北宋建隆四年（963）五月十日葬　江西省贛州市贛縣區出土

民國拓本　1張　64 cm×66 cm

正書

首題： 唐百勝軍節度使江王乳母尚書杏氏墓銘并序

鈐印： 滄盦

倉永齡題簽： 揚州出土；沈斌甫贈

PT/375　張正嵩墓誌 （遼）趙衡撰

遼乾亨三年（981）十一月八日葬　遼寧省阜新市清河門區出土

民國拓本　1張　60 cm×60 cm

正書

首題：朔州順義軍節院使張
府君墓誌并序

倉永齡題簽：奉天出土；甲
子二月得

PT/484　錢俶墓誌　　（宋）慎知禮撰　　（宋）秦守良書

北宋端拱二年（989）正月十五日葬　河南省洛陽市出土

清末民國拓本　1張　92 cm×92 cm

正書

首題：大宋故安時鎮國崇文耀武宣德守道中正功臣武勝軍節度鄧州管內觀察處置等使開府儀同三司［守］太師尚書令兼中書令使持節鄧州諸軍事鄧州刺史上柱國鄧王食邑九萬七千戶食實封壹萬陸阡玖佰戶賜劍履上殿書詔不名追封秦國王墓誌銘并序

鈐印：倉氏金石文字

倉永齡題簽：石在洛陽存古閣；庚申得

ST/485 苻昭愿墓誌 （宋）陳舜封撰 （宋）李仁璲書
（宋）和彧刻

北宋咸平四年（1001）八月二十一日葬 河南省洛陽市出土

清末民國拓本 1張 68 cm×63 cm

正書

複本：PT/486

首題：大宋故推誠佐理功臣光禄大
夫檢校太保使持節蔡州諸軍事行蔡
州刺史充本州防禦使兼御史大夫上
柱國武都郡開國公食邑三千五百户
贈鎮東軍節度使苻公墓誌銘并序

鈐印：滄盦金石

倉永齡題簽：癸亥十二月得

PT/487　審定塔銘　佚名撰

北宋景德二年（1005）九月十日葬　河南省洛陽市

清末民國拓本　1張　32 cm×38 cm

正書

首題：［大宋洛京河南府河南縣右街修行寺大悲院賜紫尼審定卯塔銘并序］

鈐印：倉氏金石文字

倉永齡題簽：石在洛陽存古閣；庚申年得

PT/488　苻承煦墓誌　（宋）范隱之撰　（宋）王載書
（宋）翟文會刻

北宋景祐元年（1034）三月十三日葬　河南省洛陽市出土

清末民國拓本　1張　64 cm×65 cm

正書

首題： 大宋故監門衛將軍苻
君墓誌銘并序

倉永齡題簽： 癸亥十二月得

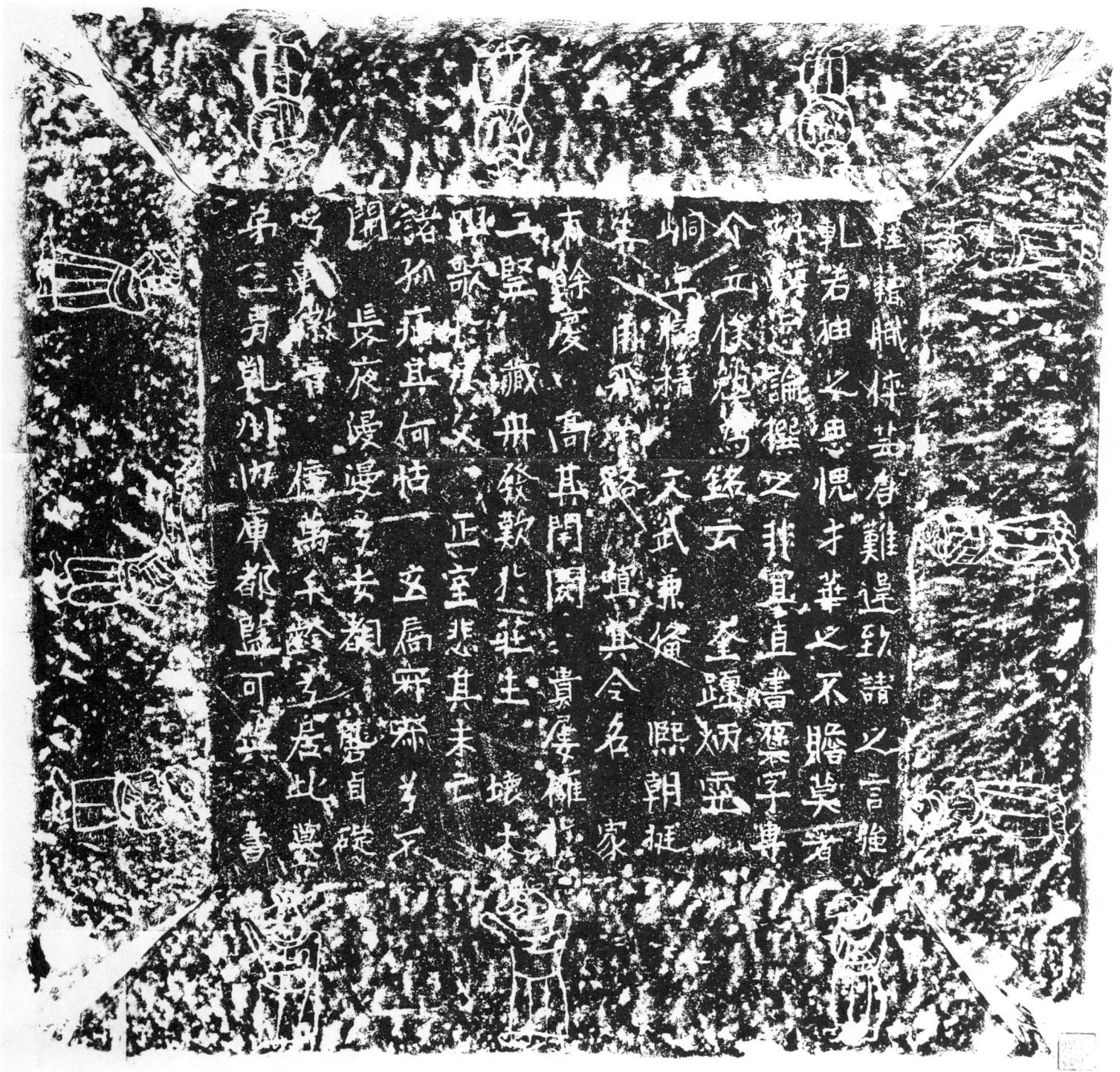

PT/376　張思忠墓誌并蓋　（遼）柴德基撰　（遼）張可英書

遼重熙八年（1039）二月十七日葬　遼寧省阜新市清河門區出土

民國拓本　3 張　63 cm×63 cm（陽），63 cm×63 cm（陰），69 cm×69 cm（蓋）

正書

首題： 故銀青崇禄大夫檢校司空使持節濟州諸軍事濟州刺史知上京南中使兼御史大夫上柱國清河縣開國伯食邑七百户張思忠墓誌銘并序

倉永齡題簽： 奉天出土；甲子二月得

故銀青崇祿大夫檢校司空使持節瀛州諸軍事

濟州刺史知上京南中使兼御史大夫上柱國清

河縣開國伯食邑七百戶張思忠基誌銘并序

夫以父之儒林郎守秘書省著作佐郎崇德基撰

賤以其父之身有其生世也吸受天命享其貴者

或期武將之身常受其終無天命者其短者或幽而文相貴

死期順逝水為人魂遭間其先其命藏而身女獲其命或長

德隨奇為神思忠先生天其命折者其短其靈有以貴

性孤長神魂遷無其男一者莖靈武其誌有之率相

惡公第也芳度使上將軍韻其閣者伯力勤公家咸貞河

保朔水第推始授東四頭供耽中諫者悲因我敬清河

朝子華業始博雅獨回供用含者伯力勤為正常河

之至葉諸司力者黃龍府旋宽使使童孫父之彰年庭誤

後任職推超酬黃龍遲澤載被還使文以權閣門思流溪舍

王輝被於遠奉使華輅御始深澤載被還被還溪採

才既家徙路窮昇政授滑州判史知上京南府僚七

義第州判史分竹符而煉罦駕聯軸以飛榮

年十二月十四日薨於耶年二月葬於義軍南僕山之私第私葬香

秋六父之蒼次禮也公先娶故麗西李太尉予院之女所於

二男一女長男可舉上京省金輦車斡院都監所

日男可俶老王府文學女一適進士郝正□其隴郡西監王□世

民誤護之女偕所生五男一女後繼娶故大將軍乾州功內蕰郡前

次日可異在閧次日公謹男婦四人一孫女進士業女一孫女彭城郎殿直室並壽

監次日可□懷次日慧男一進士一泰城郎□劉守前京

太盈庫劍健王男婦四監都監斯女孫兒四孫女

女一前錦州禽庫都監女人貞念玉顏馨韶蘭傭曰成之室

今太京氏夫人貞念玉顏天命婦永慰魂不任省□

訓廣女一有聘親之澤望命

漪歡淑有□年衰欲旌宜刊貞珉之上德基名標

榮何期衰年而歿軍衆欲

歸玄壤之□

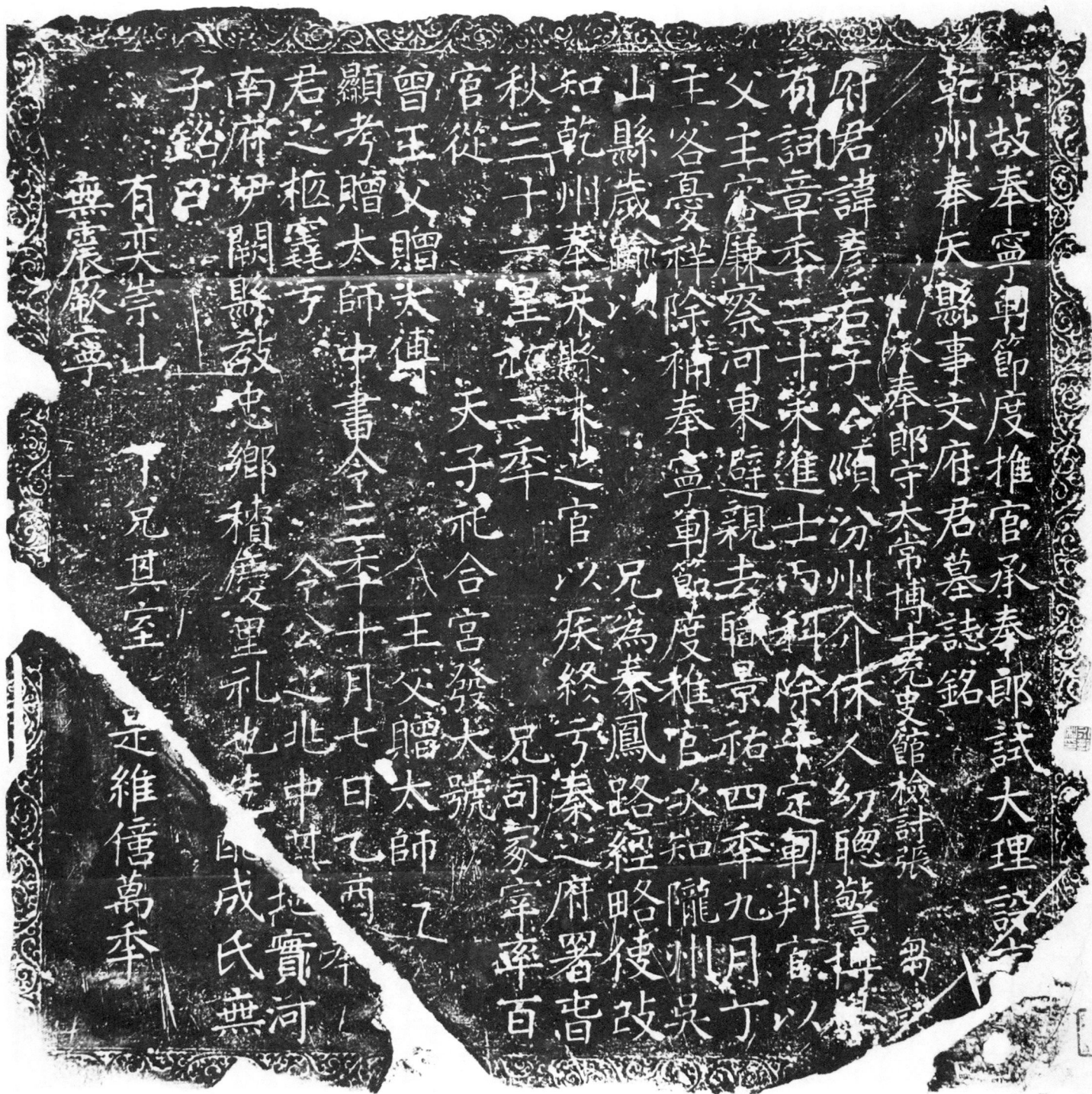

PT/489　文彦若墓誌　（宋）張洎撰

北宋皇祐三年（1051）十月七日葬　河南省洛陽市出土

清末民國拓本　1張　56 cm×54 cm

正書

首題：宋故奉寧軍節度推官承奉郎試大理評事□乾州奉天縣事文府君墓誌銘

鈐印：永齡私印

倉永齡題簽：石在洛陽存古閣；庚申年得

韓愷墓誌銘

叔祖開府儀同三司行刑部尚書同中書
門下平章事昭文館大學士監修國史
上柱國儀國公琦撰并書

愷仲國公琦從父之子母仁壽縣
君張氏愷天性孝謹幼誠禮義讀書疆記而
父文嘉祐三年舉進士舉而兄確物故是
冬其父病愷昭進樂餌夜待側不解帶而感疾
月不及父名正也哀毀過甚不能目抑曰治
遂不可禀可謂粹美矣使天稍界以年則其幹
愷之所有不家之不順而睦乎其賦命之短也七
家也何乎吾家之不幸而夫人崔氏之葬乃於
李何子因余妻安國夫先塋東百步之近得地
奈二十九日葬愷銘曰
月相州安陽縣新安村
吉用丙穴以葬愷銘曰

秀而不實哀哉愷乎
夫子之嗟遽如是邪

PT/374　韓愷墓誌　（宋）韓琦撰并書

北宋嘉祐七年（1062）十一月二十九日葬　河南省安陽市出土

清末民國拓本　1張　46cm×47cm

正書

首題：韓愷墓誌銘并序
鈐印：倉氏金石文字

PT/490　趙宗道妻崔氏墓誌　（宋）張吉甫撰　（宋）張曜書
并篆蓋

北宋熙寧二年（1069）十一月十日葬　河南省洛陽市出土

清末民國拓本　1張　87 cm×90 cm

正書

複本：PT/349

首題：宋故安平縣君崔氏夫
人墓誌銘并序
鈐印：倉氏金石文字
倉永齡題簽：石在洛陽存
古閣；庚申得

PT/350　韓恬墓誌　（宋）韓琦撰　（宋）韓跂書

北宋熙寧四年（1071）二月二十八日葬　河南省安陽市出土

清末民國拓本　1張　51cm×63cm

正書

首題：宋故秘書省校書郎韓恬墓誌銘并序

鈐印：倉氏金石文字

倉永齡題簽：石在安陽水冶鎮

PT/351　趙宗道墓誌　（宋）韓琦撰　（宋）李中師書
（宋）元絳篆蓋　（宋）張琇、李積刻

北宋熙寧四年（1071）十一月四日葬　河南省洛陽市出土

清末民國拓本　1張　93 cm×93 cm

正書

首題：宋故朝奉郎守尚書祠部郎中充集賢
校理致仕柱國賜緋魚袋趙君墓誌銘并序
鈐印：永齡私印、倉氏金石文字
倉永齡題簽：石在洛陽存古閣；庚申得

PT/353　李昇枕記　（宋）劉彦撰

北宋元祐元年（1086）五月十日葬　山東省聊城市出土

民國拓本　1張　47 cm×49 cm

正書

首題： 大宋李君枕記

鈐印： 倉永齡印

倉永齡題簽： 黃蓮溪寄贈，時丙寅九月；山東聊城新出土；題"李君枕記"亦罕見

PT/354　郝質妻朱氏墓誌　（宋）李嬰撰并書

北宋元祐三年（1088）十一月七日葬　河南省洛陽市孟津區出土

清末民國拓本　1張　82 cm×90 cm

行書

首題：宋故殿前都指揮使安武軍節度使贈太師追封永國公諡武莊郝公夫人京兆郡夫人進封太夫人朱氏墓誌銘并序

鈐印：倉氏金石文字

倉永齡題簽：石在洛陽存古閣；庚申得

ST/355　段縫墓誌 　（宋）徐君平撰　（宋）李湜書　（宋）王昌明刻

北宋元祐四年（1089）三月葬　江蘇省南京市出土

民國拓本　1張　92 cm×89 cm

正書

首題：宋故朝散大夫管勾江寧府崇禧觀上輕車都尉賜紫金魚袋段公墓誌銘

鈐印：倉永齡印

倉永齡題簽：此誌拓本不易得；南京新出土，歸古物保存所；丙寅得

PT/356　孔師祖墓誌　（宋）王若撰　（宋）孔宗哲書
（宋）胡深刻

北宋元祐七年（1092）十一月十七日葬　山東省濟寧市曲阜市出土

清末民國拓本　1張　72 cm×70 cm

正書

首題：宋故鄉貢明經孔君墓
誌銘并序

鈐印：澹盦金石

倉永齡題簽：己未蓮溪贈

余弟八姪通直郎緯之
長子曰翼冑謹愿而聰
敏舉業書扎皆可稱不
韋以天年十九歲乃葬
于水冶之先塋緯弟固
房一殤曰海僧附之觀
聖三年十二月三日定
文殿學士太中大夫定
州路安撫使韓忠彥記

PT/357　韓翼冑墓記　（宋）韓忠彥撰

北宋紹聖三年（1096）十二月三日葬　河南省安陽市出土

清末民國拓本　1張　38 cm×38 cm

正書

宋故夫人艾氏墓誌銘

朝請郎尚書吏部郎中上護軍賜緋魚袋韓治撰

左朝議大夫致仕上柱國賜紫金魚袋王東珣書

余、九兄穆之即

伯父朝議大夫直祕閣諱正彥之第三子嫡母

夫人曰王氏壽安縣君兩生母艾氏生穆之三

歲乃去歸父母家後二十年穆之既仕知母在

外刻志求訪一日遇于京師遂迎之官孝養十餘

年元祐四年十月初九日以疾終於密州之官舍

享年五十六穆之去官心喪三年紹聖三年十二

月初三日因

伯父直閣公葬相州安陽縣新安村之塋乃葬

夫人於孝親崇福院之側夫人之為母道也肅靜

而儉約教勉厥子以有立穆之雖從仕州縣未嘗

輒廢學問盖方進而未艾也穆之名韶僉爲宣德

郎知開封府歿得歸新安之原

榮則多矣後何恨焉

PT/359　韓正彥妻艾氏墓誌　（宋）韓治撰　（宋）王東珣書

北宋紹聖三年（1096）十二月三日葬　河南省安陽市出土

清末民國拓本　1張　57 cm×57 cm

正書

首題：宋故夫人艾氏墓誌銘

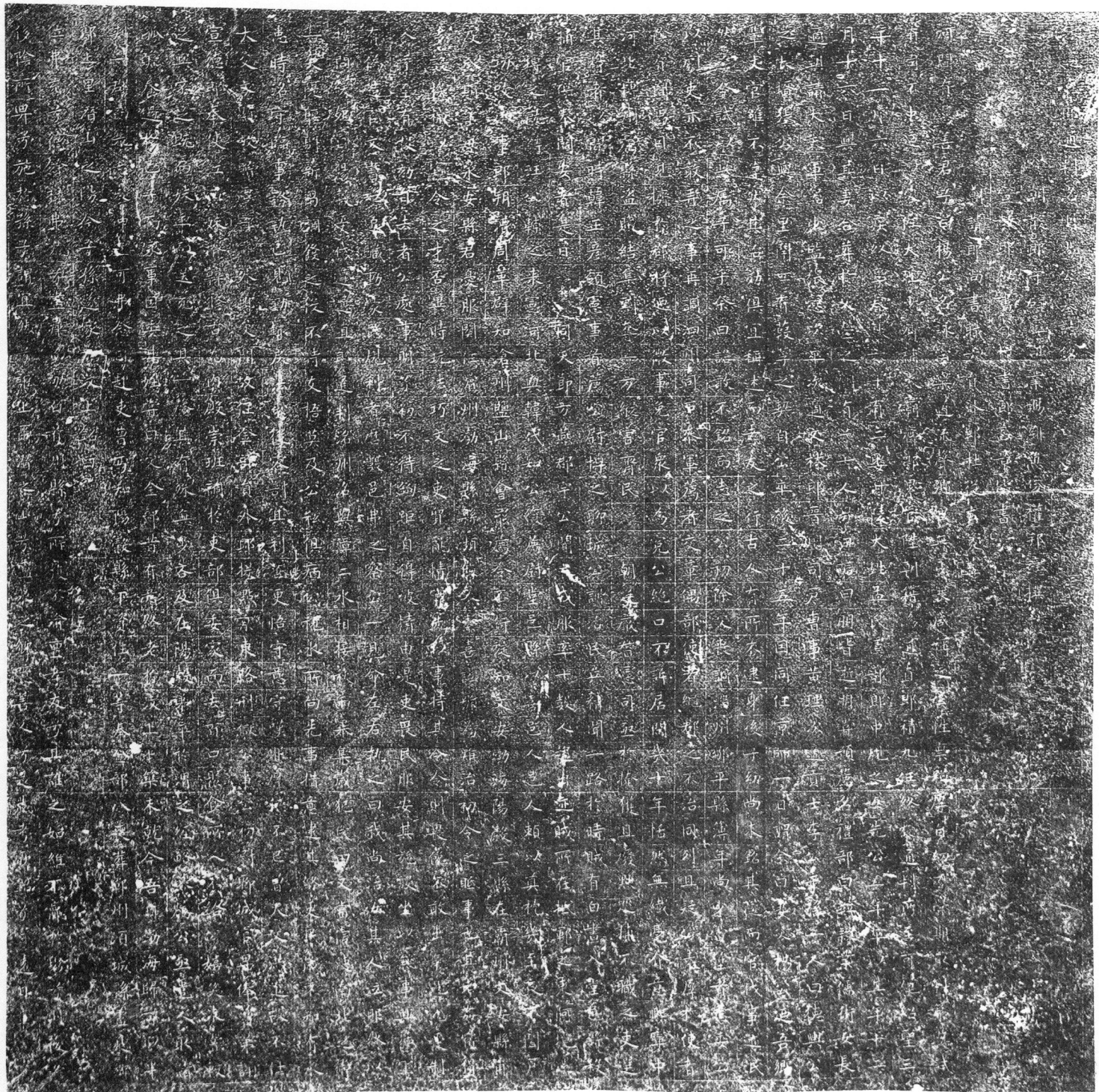

PT/358　楊詠墓誌　（宋）權邦彥撰　（宋）高景雲書

北宋紹聖三年（1096）十二月十六日葬　山東省泰安市東平縣出土

民國拓本　1張　87 cm×85 cm

正書

首題：宋通直郎通判洺州楊公墓誌銘

鈐印：澹盦金石

倉永齡題簽：己未蓮溪贈

PT/360　游師雄墓誌　（宋）張舜民撰　（宋）邵篪書　（宋）章　粢篆蓋　（宋）安民　（宋）安敏　（宋）姚文　（宋）安延年刻

北宋紹聖四年（1097）十月十七日葬　陝西省咸陽市武功縣出土

清末民國拓本　1張　111 cm×111 cm

正書

首題：宋故朝奉郎直龍圖閣權知陝州軍府兼管內勸農事兼提舉商虢等州兵馬巡檢公事飛騎尉賜緋魚袋借紫游公墓誌銘

鈐印：滄盦金石、倉永齡印

倉永齡題簽：己未蓮溪贈

宋故時氏墓誌銘

永議郎新差知深州饒陽縣事楊信功撰并書

時氏汴人自少事中散韓公永嘉郡君

張氏服勤柔順永嘉撫愛特厚相繼生二

子益自柳畏奉永嘉彌謹從中散公通

判成都時氏以疾卒於官舍實元祐三年三

月二十日也年二十三所生子二人長曰僑

登仕郎行相州湯陰縣主簿次曰僑將仕郎

監淮陽軍宿遷縣市易務時氏之亡中散

公興其喪以歸自成都數千里之

遠携其喪以歸厝于相州開元寺大觀三年

十一月二十日葬時氏永嘉於新安韓祖塋之

側乃弗克有振振慶餘往未可量

天興茂質出險而觀水休衍祥

一歸於安是謂不亡

PT/361　韓君妻時氏墓誌　（宋）楊信功撰并書

北宋大觀三年（1109）十一月二十日葬　河南省安陽市出土

清末民國拓本　1 張　55 cm×51 cm

正書

首題：宋故時氏墓誌銘

倉永齡題簽：石在安陽水冶鎮

PT/373　韓跂佺及子墓記　（宋）韓跂撰

北宋大觀三年（1109）十一月二十日葬　河南省安陽市出土

清末民國拓本　1張　47 cm×46 cm

行書

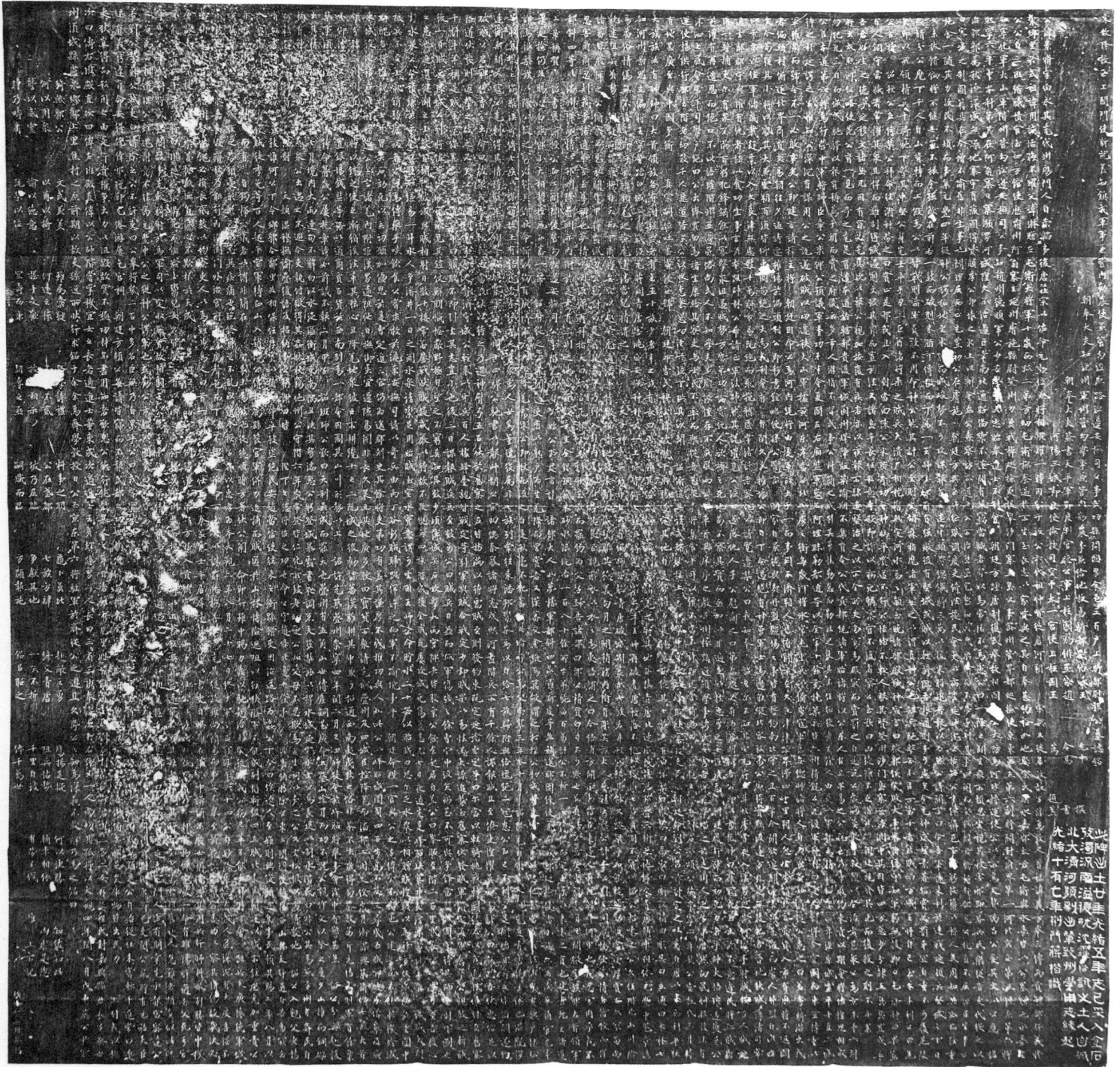

PT/363　郭景脩墓誌　（宋）王允中撰　（宋）趙令高書
（宋）王薦題蓋　　（宋）張溙　（宋）賈平　（宋）周舉刻

北宋大觀四年（1110）閏八月十二日葬　山東省泰安市東平縣出土

清末民國拓本　1張　135 cm×132 cm

正書

首題：宋故降授西上閤門使新就差知鎮戎
軍事兼管內勸農使兼管勾涇原路沿邊安撫
司公事武功縣開國男食邑三百戶上騎都尉
郭公墓誌銘

倉永齡題籤：己未蓮溪贈

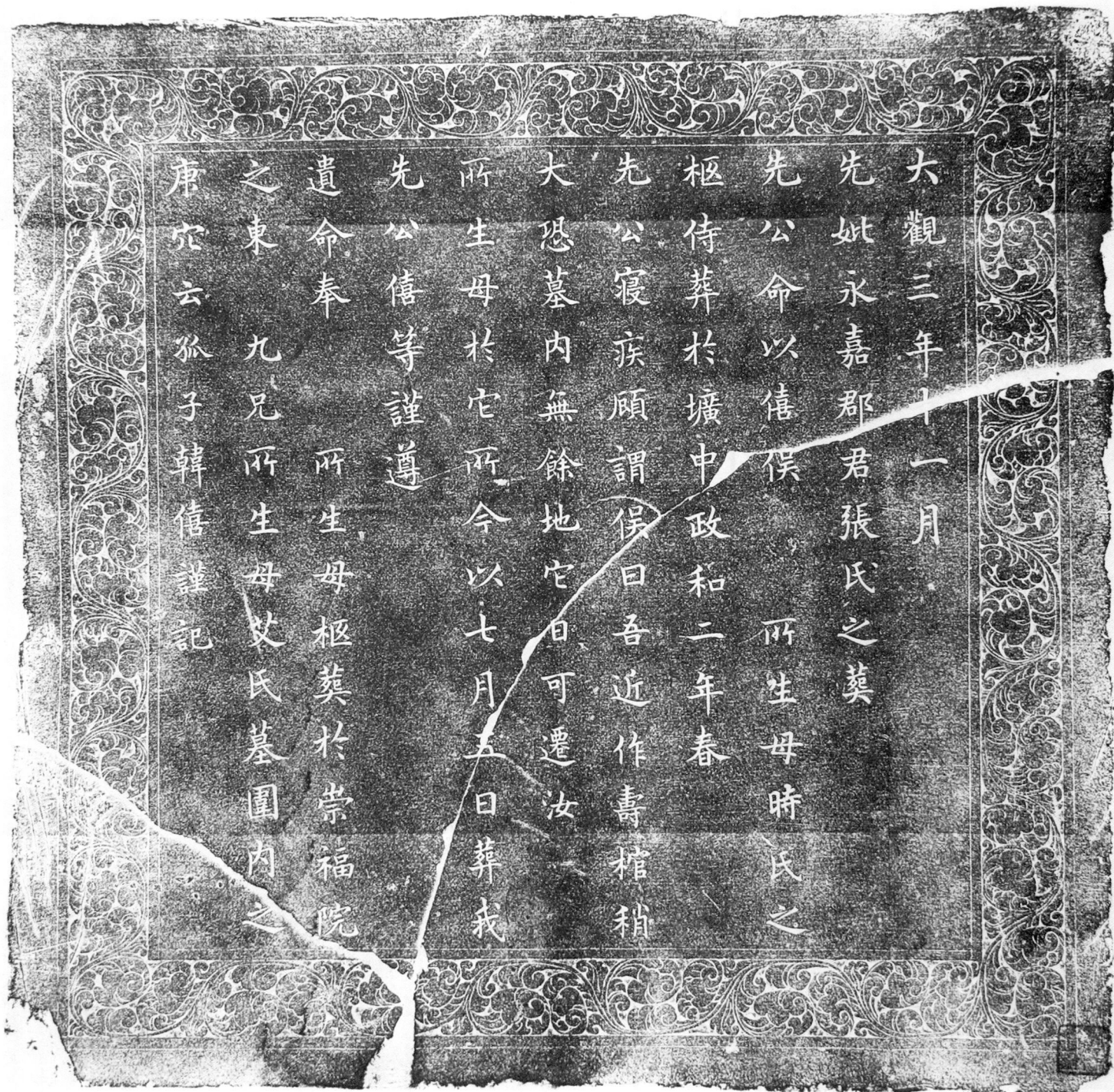

大觀三年十一月
先妣永嘉郡君張氏之葬
先公命以僖俣所生母時氏之
樞侍葬於壙中政和二年春
先公寢疾顧謂俣曰吾近作壽棺稍
大恐墓內無餘地它日可遷汝
所生母於它所今以七月五日葬我
先公僖等謹遵
遺命奉九兄所生母樞葬於崇福院
之東先母攺氏墓圍內之
庿穴云孤子韓僖謹記

PT/362　韓君妻時氏遷葬記（韓僖母時氏墓誌）

（宋）韓僖撰

北宋政和二年（1112）七月五日葬　河南省安陽市出土

清末民國拓本　1張　55 cm×54 cm

正書

陳氏之殤墓誌

陳氏之殤日寂之字通夫其先

眉州青神人後徙居葉故為汝外

州葉人曾祖希世贈職方負德

郎祖諭職方生而聰悟九歲以

不仕通夫子毛詩不幸年十三而

論語孟子元年六月十三日以

死實元年四月十二日其兄

政和乃舉其喪葬於河南府壽

之等乃舉其喪葬於河南府

安縣會龐澗里先人之墓左謹誌

PT/364　陳寂之墓誌　佚名撰

北宋政和七年（1117）四月十二日葬　河南省洛陽市宜陽縣出土

清末民國拓本　1張　35 cm×35 cm

正書

首題：陳氏之殤墓誌
鈐印：永齡私印
倉永齡題簽：石在洛陽存古閣；庚申得

宋故族姬趙氏墓誌銘

從事郎知池州石埭縣事管句學事吳愬撰

修職郎前監醫藥東惠民局張湜書并題蓋

保義郎郝公諱廷字廷瑞邑故曾祖諱克常故贈建寧軍節

慶使開府儀同三司永國公祖諱叔公贈崇信軍節度使漢東郡公

父述之任武翼郎郝氏世貴至武莊公諱賀者尤以功顯于朝武

子夫人之夫武莊之孫武節大夫諱惟賢者能以父任又能以訓其

莊樂儒術而其子也方幼顏角秀氣可捅稍長以令淑為宗

夫人之父曰眉宜得賢女以配時夫人方性采靜婉順言

讀書推許由是郝氏請婚而姆訓而能雖生貴驕然節儉不肆居

室功德皆合禮法不待姆訓而能雖生貴驕然節儉不肆居

容貧素歸郝氏奉舅姑無違供祭祀必謹夫人之出盡中物以助樽俎

若居無積貲曩居洛陽實客之急嘗有鄰婦遭燔燼而衣服悉為燼

仁奉至於罄竭無斳容喜周人之政和五年冬十月廷瑞得官

之奉夫人閫中維衣一襲悉以遺之母欲留于家而呂醫治之且

爐夫人視篋笥中維夫人疾亟一日起沐浴更衣

池之石埭將行時夫人父母疾亟一日起沐浴更衣

日女子既嫁從夫禮也雖疾當往至石埭夫人父

顧謂其夫曰疾將革矣生死人之常所不足恨特以夫笄仕之內助且

妾不得終孝于父母為可恨甫語託而去實政和六年正月二十日也

享年二十有六男一人甲師明女一人皆幼宣和元年四月二十七

壬寅廷瑞舉夫人柩葬于河南府洛陽縣賢相鄉旌德里祔其姑宜人

賈氏之兆以愬同僚知夫人之賢因讀書之訓乃為之銘曰

全女德之順念孝養之盡唯祭祀之謹知死生之分

靡周施夫人兮雁嗟夫人兮是可銘也已

PT/365　郝肆妻趙氏墓誌　（宋）吳愬撰　（宋）張湜書并題蓋

北宋宣和元年（1119）四月二十七日葬　河南省洛陽市出土

清末民國拓本　1張　77cm×76cm

正書

首題：宋故族姬趙氏墓誌銘
倉永齡題簽：癸亥十二月得

宋故承節郎提轄開封府開封縣居養院游公墓誌銘

宣和元年三月二十五日承節郎提轄開封府開封縣居
養院游公卒公諱師孟字醇夫世為河南人以中大
夫文彥之曾孫正議大夫及之孫朝奉大夫新通判掌州
女民之次子也母冠氏相國萊公之曾孫封安人
人修慈兖有古風好學不倦切意其裝故雖授命早而踟
蹰不進唯思侍庭闈奉甘旨而已異日
事務惰其職頗解振舉奇公者以
弟衆我左右笙專汝邪日月逃笑寧不惜戎既提轄居養
可觀濮王之後濟陰郡王之曾孫以恩妻公補以官
不克永終先公之五年以疾卒繼室燕王宮族妹也
公祈感疾悟不為應祝其妻挈曰浮世幻化不異生死又
起家夷而不實其命也夫享年緩三十四初娶趙氏淑德
次以前妻趙民祔焉求銘于余銘曰
公之元以其年六月十五日壁于洛陽縣杜澤村先塋之
何咸二於其閒邪援筆成書面以遺之親友真達士也
宜熾而昌　宜壽而歳　令也則亡　獨留其芳

PT/366　游師孟墓誌　（宋）段誨撰

北宋宣和元年（1119）六月十五日葬　河南省洛陽市出土

清末民國拓本　1張　61 cm×43 cm

行書，額篆書

額題： 游公墓記
首題： 宋故承節郎提轄開封府開封縣居養院游公墓誌銘并序
鈐印： 澹盒

宋故劉氏墓誌銘

中大夫知相州軍州事韓治撰

劉氏博野人吾叔中散大夫之姐也

生五子二男三女男慶來王老番天

宣教郎李德充尚書吏部貞外郎楊

信功將作監李祓三女之壻也劉性

謹厚吾叔興張郡君皆倚信之政和

三年八月十三日卒於安陽之第宣

和元年九月十七日葬與時氏同穴時氏吾

年六十有三　敦厭行芳之所生母随之銘曰

叔長子粲三女芳為士妻安且吉宅於兹

PT/367　韓君妻劉氏墓誌　（宋）韓治撰

北宋宣和元年（1119）九月十七日葬　河南省安陽市出土

清末民國拓本　1張　57 cm×60 cm

正書

首題： 宋故劉氏墓誌銘
倉永齡題簽： 石在安陽水冶鎮

PT/368　李章墓誌　（宋）霍□□撰　（宋）王公弼書　（宋）
冠公直篆蓋

北宋宣和四年（1122）十一月十一日葬　河北省邢臺市隆堯縣出土

清末民國拓本　1張　70 cm×74 cm

正書

PT/369　顯達大師塔記銘　（宋）王淵刻

北宋宣和五年（1123）二月十五日立　河南省洛陽市出土

清末民國拓本　1張　62 cm×64 cm

正書

首題：宋故西京左街天慶禪院住持達大師塔記銘

鈐印：澹盦金石

倉永齡題簽：戊午

神山縣令大理試評王公墓誌銘

公姓王氏諱安裔祖諱澤曾歷廣陵軍即度使父諱紀太常少卿
疾終于西京府少尹今雲中府是也公子立自幼至壯惟以好學
為志既而攻詞賦大康五年擢進士第實尚於祖先也公剛毅精
敢朱曾有子弟之適七年初出官發書涿州軍俸公事九年移授
中京内省判官大安二年改除澤州神山縣令凡踐揚三任每稟
事疎通流舉譽諳于時輩三年正月二十二日疾終于故里私理家使
年四十有七故其孝悌忠信公明廉幹皆施不盡其材仕不充其
志交親聞之無不衰其悉而流弟追憑者也妻天城軍即度使
張少微之女十七歲出嫁其婉懿素範不習而得自夫没而理家六
方四十載甫州之德又如此承長子遂廳封河郡太君宣和六
年正月十九日疾終於私寢年票八十豈不謂上壽也生子二人遂
鄭州防禦使知待術馬軍都雲候娶妻故侍中平章事馬梁公之
女造内供奉班祗候左承制娶妻劉知辛之女也女六人二人出
家長者紫衣次者德号四人皆過于名家推公之旋爵位同揚歷
政事之善皆衣次子震虜界之沔有更不可備載今復于燕山府宛平縣
房仙鄉万合里之原發娶故墓以宣和六年閏三月二十三日乞
時為之合葬銘曰

娶妻之賢　義然曰忠　始家温厚　孝優入仕　繼于祖風
切奄喪矣　狥歟王公　八十而脩　可哥上壽　以慰幽識
孝子之克　勒石為銘

PT/370　王安裔墓誌　佚名撰

北宋宣和六年（1124）閏三月二十三日葬　北京市出土

清末民國拓本　1張　54 cm×54 cm

正書

首題：神山縣令大理試評王
公墓誌銘

倉永齡題簽：福山王氏藏
石

PT/371　韓嵒墓誌　（宋）韓紹撰

北宋宣和（1119—1125）□年五月十三日葬　河南省安陽市出土

清末民國拓本　1張　43 cm×43 cm

正書

PT/372　焦公墓誌蓋　佚名撰

北宋（960—1127）葬　河南省洛陽市出土

清末民國拓本　1張　32 cm×32 cm

篆書

蓋題：宋焦公墓誌銘
鈐印：永齡私印
倉永齡題簽：石在洛陽存
古閣；庚申年得

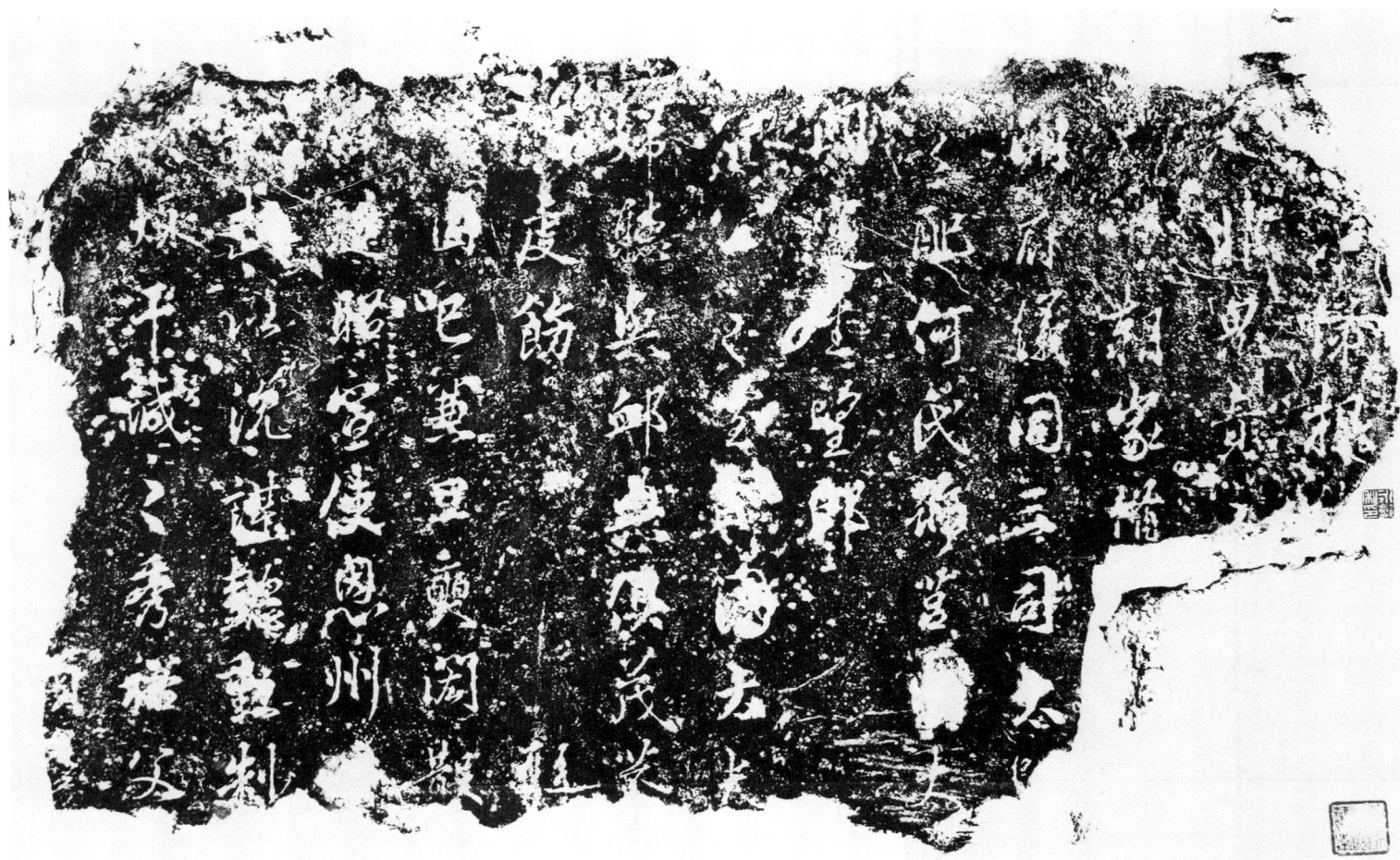

PT/475　開府儀同三司殘碑　佚名撰

[北宋（960—1127）] 立　　[河南省]

清末民國拓本　1張　34 cm×60 cm

行書

PT/379　陶德生墓表　（元）黃溍撰　（元）劉基書并篆額

元至正十八年（1358）葬　浙江省台州市臨海市

清末民國拓本　1張　82 cm×55 cm

正書，額篆書

首題、額題：元故處士陶君墓表

鈐印：倉印、永齡私印、倉氏金石文字

倉永齡題簽：辛酉得於津門

PT/382　竇敬墓誌　（明）張益撰　（明）黃養正書　（明）程南雲篆蓋

明正統六年（1441）二月十七日葬　河北省保定市定州市出土

清末民國拓本　1張　50 cm×48 cm

正書

首題：處士竇公墓誌銘
鈐印：倉氏金石文字
倉永齡題簽：庚申得於都門

PT/381　龍祥墓誌并蓋　（明）李東陽撰　（明）程洛書并篆蓋

明成化十七年（1481）二月二十九日卒　北京市門頭溝區出土

清末民國拓本　2張　52 cm×52 cm，51 cm×51 cm（蓋）

正書，蓋篆書

蓋題： 文林郎南京中軍都督府都事龍君之墓

首題： 前文林郎南京中軍都督府都事龍君墓誌銘

鈐印： 澹盦金石、倉

前文林郎南京中軍都督府都事龍君墓誌銘

賜進士出身翰林院侍講兼修
國史經筵官長沙李東陽撰

成化辛丑二月二十有九日龍君諱祥字文華殿廣書舍人
奉政大夫備正庶尹尚寶司卿直以善卒于京師予聞之曰嗟乎吾故人也父諱福海始徵代以子父君以君父
公聞之門之副安慶懷寧人也大著事狀奏越三日死矣
君考之諱乃正就懷寧君子西禦家貧奉母時君孫當代以書籍郭門啟郭外玄
我事也今鹽運使關行且讀書舘或膏烟不繼則登樓
局乃受牘暇晷誦之編步月同事者葦諸誠之君孫諧家問母安否即赴
起入直案或日晏郭門終閉必疾出如是三年天順己卯以書領順天鄉
學或就養累翠進士不第卒國子選吏部得南京中軍都督府都事奉
鄉氏稱為才三人載書上考既復任適有考試文林郎南京中軍都督
每見買屋為冶作且暇論靈無諱忌安落死難語及
禮之儲殼不為遠幅第毗恩先世誠也君生亨德壬子十月二十有
之君郭忽屋寒疾作再上陽陽醫方興客會集輯奕碁屬之乃瞑君頤建
四年力學足為後末子弟楷式子四世昌世享世珍
通僂股學取科顧念老母懷難得失不較獨其齒自
魁殼禪女一君封之月十有一日葬君玉河鄉之原錦衣衛
居日午五十配陳氏孺人子四世寧世昌世河鄉弟為後計比卒以母
百戶張故業書歸懷寧建祠堂置祭田命族子第之為後計比卒以
先世故業歸塋于北亦治命也銘曰
老不能歸塋于學之歐志行氣隨莫我或沮彼造物者孰謂弗憮所子幾
何復奪之還子聞古人入定者勝定邪非邪天不我應
勞筋憊軀

PT/352　韓琦墓誌　（宋）陳薦撰　（宋）宋敏求書　（宋）文彥博篆蓋　（明）王仲□鐫

北宋熙寧八年（1075）十一月二日葬，明嘉靖間（1522—1566）重刻

河南省安陽市韓琦廟

清末民國拓本　1張　247 cm×94 cm

正書

首題： 宋故推忠宣德崇仁保順守正協恭贊治純誠亮節佐運翊戴功臣永興軍節度管内觀察處置等使開府儀同三司守司徒檢校太師兼侍中行京兆尹判相州軍州□□□□□□□□□柱國魏國公食邑一萬六千八百户食實封六千五百户贈尚書令謚忠獻配享英宗廟廷韓公墓誌銘并序

鈐印： 倉永齡印、滄盦金石

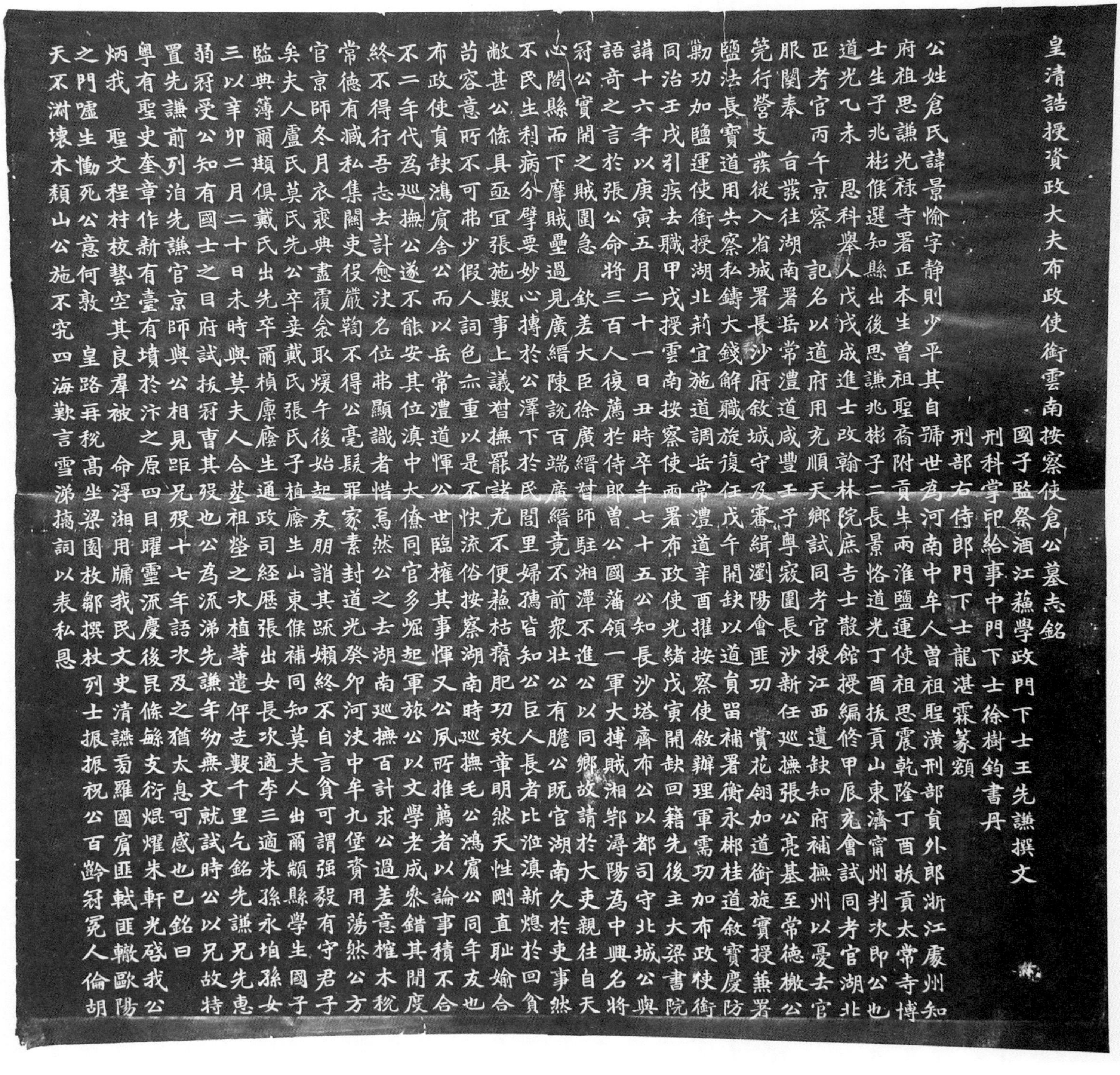
皇清誥授資政大夫布政使銜雲南按察使倉公墓志銘
國子監祭酒江蘓學政門下士王先謙撰文
刑科掌印給事中門下士徐樹鈞書丹
刑部右侍郎門下士龍湛霖篆額
公姓倉氏諱景愉字靜則少平其自歸世為河南中牟人曾祖聖潢刑部貟外郎浙江處州知
府祖思謙光祿寺署正本生曾祖聖裔附貢生兩淮鹽運使祖思震乾隆丁酉拔貢太常寺博
士生子兆彬候選知縣出後思謙兆彬子二長景恪道光丁酉拔貢山東濟甯州判次即公也
道光乙未　恩科舉人戊戌成進士改翰林院庶吉士散館授編修甲辰充會試同考官湖北
正考官丙午京察記名以道府用充順天鄉試同考官授江西遺缺知府補撫州以憂去官
服闋奉　旨發往湖南署岳常澧道咸豐壬子粵寇圍長沙新任巡撫張公亮基至常德檄公
筦行營支發從入省城署長沙府敘城守及審緝瀏陽會匪功　賞花翎加道銜旋實授兼署
鹽法長寶道用失察私鑄大錢解職旋復任戊午開缺以道員留補署衡永郴桂道敘寶慶防
勦功加鹽運使銜授湖北荊宜施道調岳常澧道辛酉擢按察使敘辦理軍需功加布政使銜
同治壬戌引疾去職甲戌授雲南按察使兩署布政使光緒戊寅開缺回籍先後主大梁書院
講十六年以庚寅五月二十一日丑時卒年七十五公知長沙塔齊布公以都司守北城公與
語奇之言於張公命將三百人復薦於侍郎曾公國藩領一軍大搏賊湘鄂潯陽為中興名將
冠公實開之賊圍急過　欽差大臣徐廣縉督師駐湘潭不進公以同鄉故請於大吏親往自天
心閣縋而下摩賊壘過見廣縉陳說百端廣縉竟不前衆壯公有膽公既官湖南久於吏事然
不民生利病分擘要妙心摶於公澤下於民閭里婦孺皆知公巨人長者比涖滇新熄於回貧
敝甚公條具亟宜張施數事上議督撫罷諸无不便蘓枯瘠肥功效章明然天性剛直恥媮合
苛容意所不可弗少假人詞色亦重以是不快流俗按察湖南時巡撫毛公鴻賓公同年友也
布政使貟鈌鴻賓舍公而以岳常澧道惲公世臨權其事惲又公夙所推薦者以論事積不合
不二年代為巡撫公遂不能安其位滇中大僚同官多倔起軍旅公以文學老成參錯其間度
終不得行吾志去計愈決名位弗顯識者惜焉然公之去湖南巡撫百計求公過差意權木稅
常德有臧私集闒吏役嚴鞫不得公毫髮罪家素封道光癸卯河決中年九堡資用蕩然公方
官京師冬月衣裘典盡霞衾取煖午後始起友朋誚其䟽嬾終不自言貧可謂強毅有守君子
矣夫人盧氏莫氏先公卒妾戴氏張氏子植廕生山東候補同知莫夫人出爾顏縣學生國子
監典簿爾顒俱戴氏出先卒爾楨廕生通政司經歷張出女長次適李三適朱孫永堉孫女
三以辛卯二月二十日未時與莫夫人合葬祖塋之次植等遣伻走數千里乞銘先謙兄先惠
弱冠受公知有國士之目府試拔冠曹其歿也公為流涕先謙年幼無文就試時公以兄故特
置先謙前列洎先謙官京師與公相見距兄歿十七年語次及之猶太息可感也已銘曰
學有聖史奎章作新有臺有墳於汴之原四目曜靈流慶後昆條緜支衍焜燿朱軒光啓我公
炳我　聖文程村枝藝空其良犀被　命浮湘用牖我民文史清讜翦羅國賓匪軾匪轍歐陽
之門噓生慟死公意何敦　皇路再稅高坐梁園枚鄒撰杖列士振振祝公百齡冠冕人倫胡
天不淑壞木頹山公施不究四海歎言雪涕摛詞以表私恩

ST/143　倉景愉墓誌　（清）王先謙撰　（清）徐樹鈞書
（清）龍湛霖篆額

清光緒十七年（1891）二月二十日葬　河南省鄭州市中牟縣

清光緒十七年（1891）拓本　1張　61 cm×63 cm

正書

首題：皇清誥授資政大夫布政使銜雲南按察使倉公墓誌銘

（碑文，正書，自右至左豎讀）

郭女淑芳壙銘

龍沙郭克興起衰泣志

靳陽陳乾肇一氏書丹

女淑芳興之長女婦鈕崇德所出也性純孝早慧有

識甫四歲母病卻知待藥問食稍長益鮮人意吾夫

婦偶不協輒諫諍學論事女贊一詞出意表遇

牢騷時得女一言而怡髮囷懶而女紅操作點無不隨

讀數載辄問曰祖繞庭公病草自學睐驚痛甚嬰暴疾

母逝日乃率同尋帆烏辱其生也迫吾醫治其外也章

祖作苦其病也又無以待皇二年興為主事始勒石

以生時之衣又生平知文之可貴有此所以慰其魂

以著其悲也女生宣統元年己酉三月廿八日卯時後

且寠予悲也女生宣統元年己巳三月十日辰昔死後

三日葬京兆馬泉塋吾親塋側銘曰

孝可格天千身宜高壽胡女沖齡陽九忽遺魂依祖塋

骨委泉臺一身殉孝萬古喞哀

中華民國八年三月穀旦

京師龍光齋宋德裕刻字

PT/043　郭淑芳壙銘　郭克興撰　陳乾肇書　宋德裕刻

民國八年（1919）三月十三日葬　北京市朝陽區馬泉營

首題：郭女淑芳壙銘

民國拓本　1 張　56 cm×56 cm

正書

PT/051　張守基墓誌并蓋　秦樹聲撰并書　倉永齡篆蓋　翰茂齋刻

民國十一年（1922）葬　河南省洛陽市洛寧縣

民國十一年（1922）拓本　2張　57 cm×58 cm，56 cm×58 cm（蓋）

正書，蓋篆書

蓋題：洛寧張君墓誌銘
首題：洛寧張君墓誌銘

洛宵張君墓誌銘

國始泰樹蔡撰書
中牟倉永齡篆蓋

君諱基字子誠永宵張氏今為洛宵人祖諱師禹山東候補縣丞父諱鳳沁登菜
青兵俗道清身卒丁亂薰縮園防務僧忠親王欽器而大府娥其能
梳赴阜監船碗避回之回鶬其職有子二長寧諱君仲也性沈朴弱不好弄冰素
吳常童未亂兵俗公段侍馬太恭人扶子二蜿月然恐正復而府試帛補西
四今出巷乙百人曰是以家眸余遠小嫐日過禮光緒丁丑年十三縣試弟一
士負食敢給當路嘉其勤甄點為不鱗之緒和初改臨時子弟若於天下要洞開
狩道太原供億造官疲路登賢書戊餘有曰夫而會安之委蛇以買鑿名於昔之
異說浴漢鼎沸初建枝山邑僻左群省立諮議局共和初改臨時會君先後倡負
海所積誠辟擽振利病動神西出函谷北踰南當南泛江淮東航渤歷仕不屑刺宗
學心章研士搢花照袗袖者君性簡居眈難田去城間有故人瞞仕不屑刺史之章百
潛香殉喝晚始英為吟詠無倦懷家國言典泛消後達者不脩雙短駁之不宜如是
鈞損一書秋始先英即葆光以竟其歲天道消回至不顧俗仰興者之章百
為天地高樹立一二即葆光以竟其歲天道消回至不顧其後立奚賢氏生子一障祖
可驍日三鄉鎮興童學斯屋數賢矓之巨蒀歲法訓所斯漸廣俠有立奚賢氏生子一障祖
宜去二月匪難室氏丁孫蘇嫣人城子三華故門改畢業計惜時迎相過談時
出嗣女四孫三王永幽其孫行華城邑遊北原之阡君計惜時迎相過談時
舊祖伯氏繼室丁孫行在初孤風遊柴江湖木波摩水霈神知化每每原田群悴不思
君秋賦君墓柏巳實戊辛銘君滋於邑此詞曰銘錐束修筍匂冥德有魚北溟有馬西極
於鑠張松石增帝學者如蜒耀蟬盈庭振衣雲臺長草大憲何亡特立不思
耿駈颿鷟舌水千瓶瀆哇自逴嫻浪洪洪生眈吉先卹六福始幽寀萬泰式奠高毗
至人無已善刀而藏濱學者如蜒耀蟬盈庭京師嵞氏登剞石

PT/434　郜銓誌　佚名撰

東漢建寧三年（170）四月八日葬（僞刻）　刻立地不詳

清末民國拓本　1張　43 cm×43 cm

隸書

鈐印：倉氏金石文字

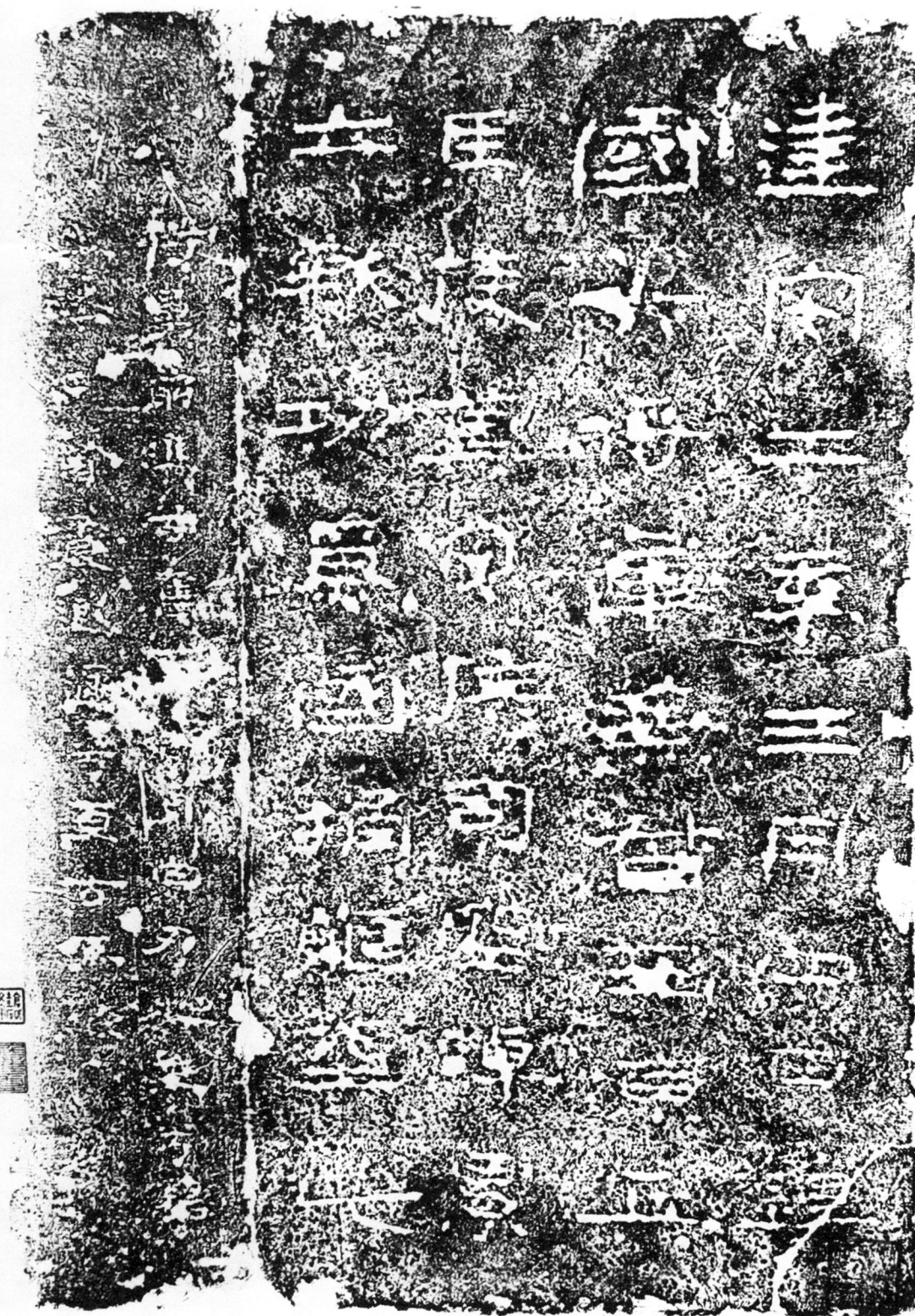

PT/435　司空綽墓刻石　佚名撰

東漢建安二年（197）三月四日葬（偽刻）　刻立地不詳

清末民國拓本　1張　46 cm×31 cm

隸書

大魏部曹侍郎史張公墓誌之銘
君諱輔國字盡忠西魏長安人祖守約官居本府
侍中父安平位居司空長史生四十歲至本魏黄初
庚　　對為部曹侍郎史娶妻方氏生一女男為
雲南　女適賈氏內能齊家外能治國安全之謨洵
兼優也及乎晚秊焦勞成疾至咸熙申五月初十
日辰省平水官其秊九月廿九日卒於洛西澗水
南嶺牛眠之空歸空伊邇親友孫咸津津嘆傷之
不已以為德盛善至人不能忘故熙為之銘銘
白崇山峻陵茂林修竹松柏淒寂可以妥幽骨肉思
庚喪及朋友人挽之民德歸厚儒林獨步仕籍長
有銘此金石永傳不朽
咸熙元秊歲次甲申九月廿九日復當

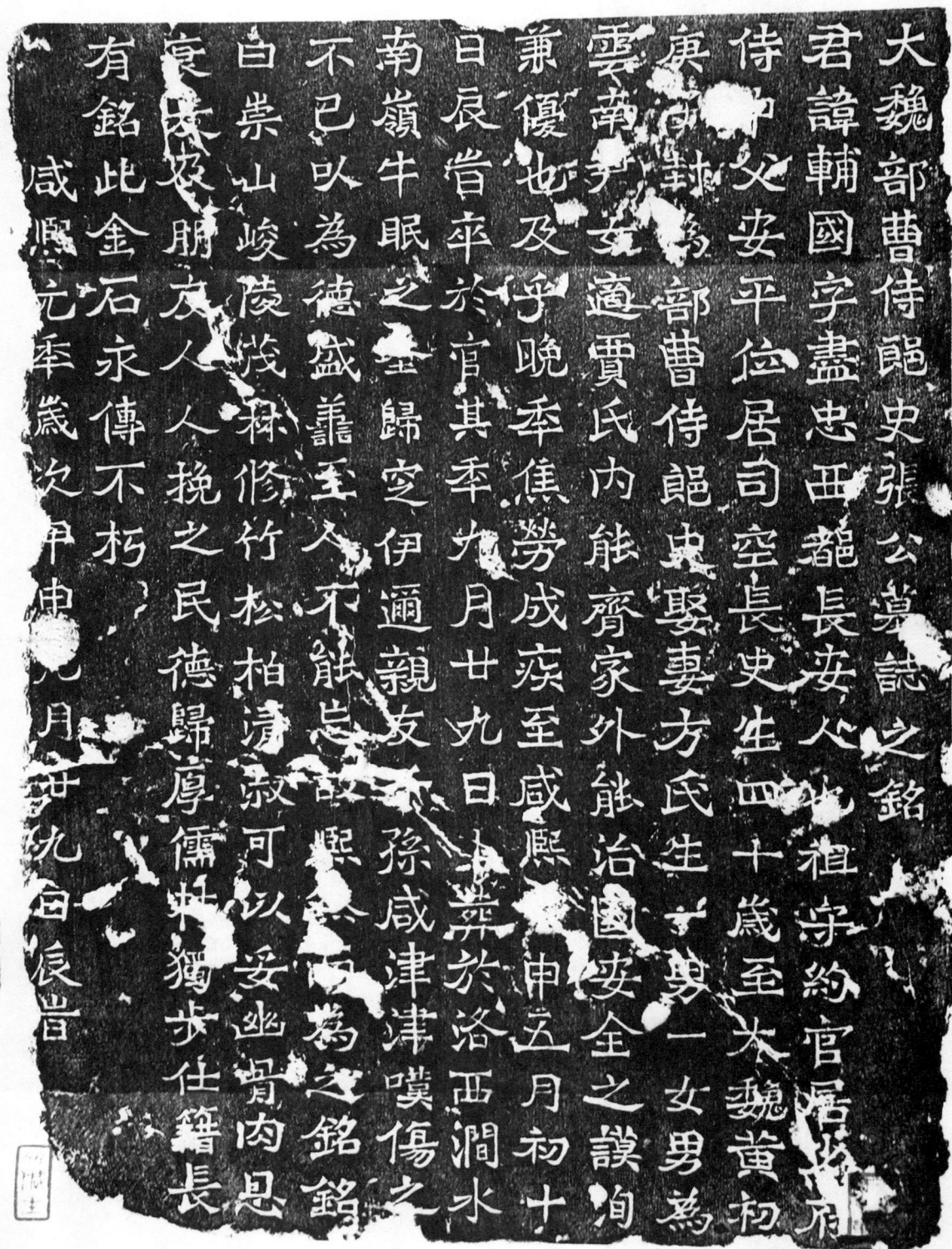

PT/436　張輔國墓誌　佚名撰

三國魏咸熙元年（264）九月二十九日葬（僞刻）　刻立地不詳

清末民國拓本　1張　46 cm×34 cm

正書

首題： 大魏部曹侍郎史張公
墓誌之銘

鈐印： 多憾生、澹盦所藏金石

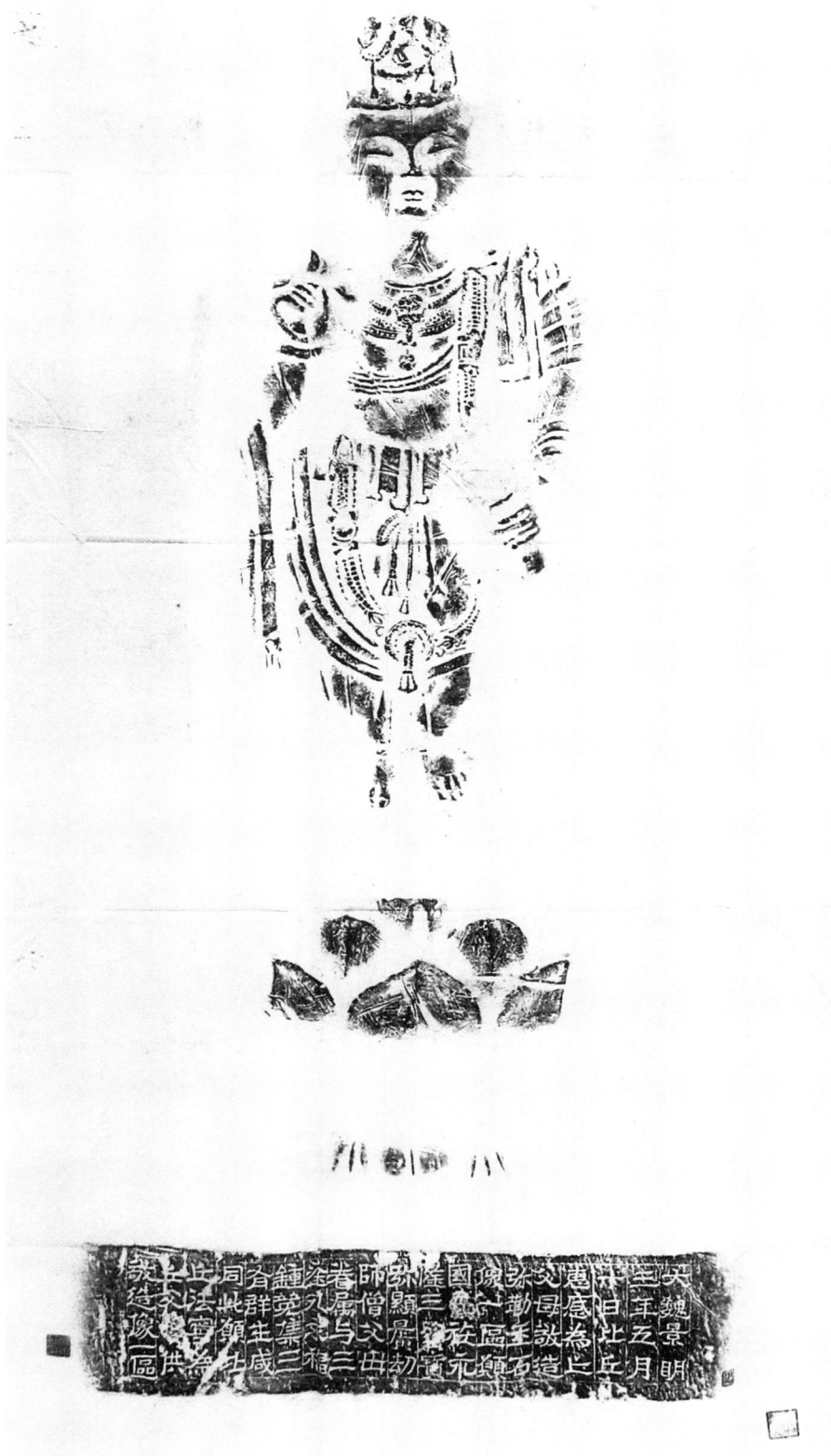

PT/048　比丘惠感造像記（比丘惠感爲亡父母造彌勒像）
佚名撰

北魏景明三年（502）五月二十日造（偽刻）　刻立地不詳

清末民國拓本　1張　12 cm×50 cm（上），84 cm×23 cm（下）

正書

PT/437　章景山墓誌　佚名撰

北魏延昌四年（515）葬（偽刻）　刻立地不詳

清末民國拓本　1張　44 cm×53 cm

正書

首題：故河陰令章君墓誌銘并序

鈐印：澹盦收藏

倉永齡題簽：甲寅年得於河東

魏徐州琅邪郡臨沂縣都鄉南仁里通直散
騎常侍臨安王元公誌銘
王諱容字□安河南洛陽人也年廿九
祖□高宗文成皇帝父侍中太尉安豐國
王歲次丁酉壬辰朔十四日乙巳於洛陽
之學里宅粤八月庚寅朔廿日己酉窆於洛
陽之西北山懼岸谷之易遷朝市之侯遉乃
勒石摳傳徽慶廕雁不朽其詞曰
祥發高宗諒□漸姬川天祇降祉神人告
穆高宗諒□恭己灼灼圍王令問不已克誕
仁博德懷茲具美如王在荊由珠居令敬慎信
行行必悅書史爰從爰降騰徽鄉里令儀眳
德德懷茲如何不弔宛尔祖論桂銷初韻蘭
賓局方春象蒞虛廓端展凝塵言歸宅兆即山
玄局惟荒早駕衷挽在延霜月晨下松風夜
清百齡曾幾邊山長窆生平一罷金石徒聲

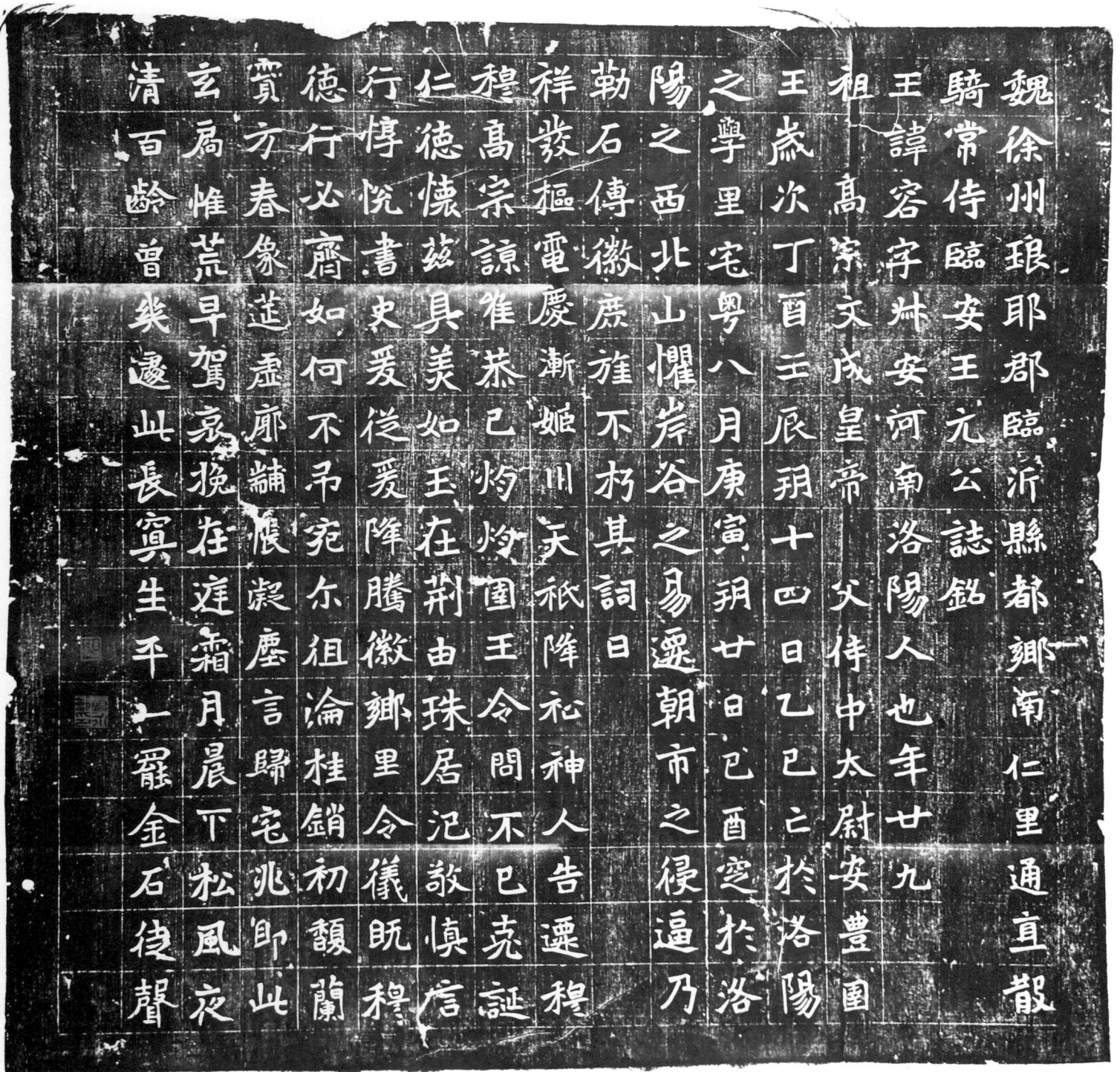

PT/251 元容墓誌 佚名撰

北魏熙平二年（517）八月二十日葬（偽刻）　刻立地不詳

清末民國拓本　1張　58 cm×59 cm

正書

首題：魏徐州琅邪郡臨沂縣都鄉南仁里通直散騎常侍臨安王元公誌銘

鈐印：倉永齡印、倉氏金石文字

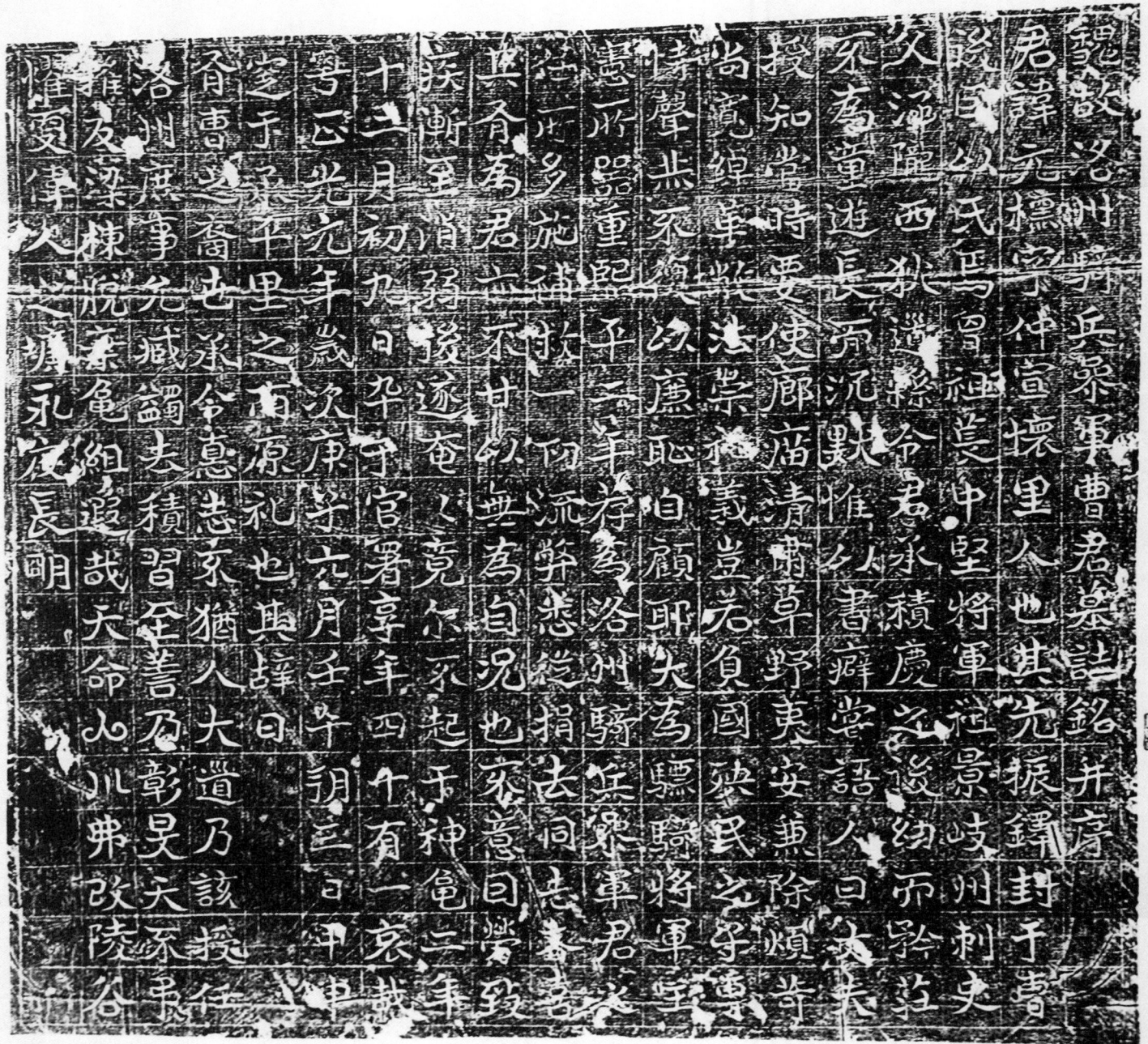

PT/438　曹元標墓誌　佚名撰

北魏正光元年（520）六月三日葬（僞刻）　刻立地不詳

清末民國拓本　1張　44 cm×48 cm

正書

PT/255　顏遷墓誌　佚名撰

北魏神龜四年（521）十月卒（偽刻）　刻立地不詳

清末民國拓本　1張　29 cm×29 cm

正書

鈐印：澹盦金石

PT/439　劉昭墓誌　佚名撰

北魏孝昌二年（526）八月十七日葬（僞刻）　刻立地不詳

清末民國拓本　1 張　62 cm×66 cm

正書

首題：魏故驃騎將軍西兗州刺史劉君墓誌銘

鈐印：倉氏金石文字、倉永齡印

夫魏使持節右衛將軍涇州刺史張公墓誌銘

公諱敬字宗臣河南洛陽人也曾祖鈗晉司空度
支尚書安西將軍父式已大中大夫公學通
墳典體具書史若丘陵莫能量其量山川志
遵神疑百家書光人若張炬教弥四方來集輻方將
萬養之時樂永芄霖如金緝連人之門乘運与天
民之勞正法而光中餘道安縣尉地非未不能嚴風則刻
家之用思日用法常存嚴令時列刑而刑空未沙藏嚴大甘覽猶
將之思之同信霄若仙佛晝實論觀其所言宗空等諸左道二
既海色力出之善也上間安陵之鍾黃中玄明功存軍
炒匹史矢九季郁國刊
九月七月十日一日永空於安陵之右衛將軍其辭明日李明功實孝昌二
季七月十三日生我公若彼是鍾黃中湛流或闓麗金
史矢不降之善也加右衛將軍其辭明日
國道重我王大千不慧山水空長湛流或闓麗金
刊論語意雖芳空墳原林

民國己未秋月購石遠來仿刻錯出錫以宗監刻並相味章真
押署鹿免混翁
陶志蓉啟
澹盦金石

PT/277　張敬墓誌　佚名撰

北魏孝昌三年（527）九月十三日葬（偽刻）　刻立地不詳

民國拓本　1張　50 cm×50 cm

正書

首題：大魏使持節右衛將軍涇州刺史張公墓誌銘

鈐印：澹盦金石

倉永齡題簽：洛陽新出土；河南沁陽賀氏藏石

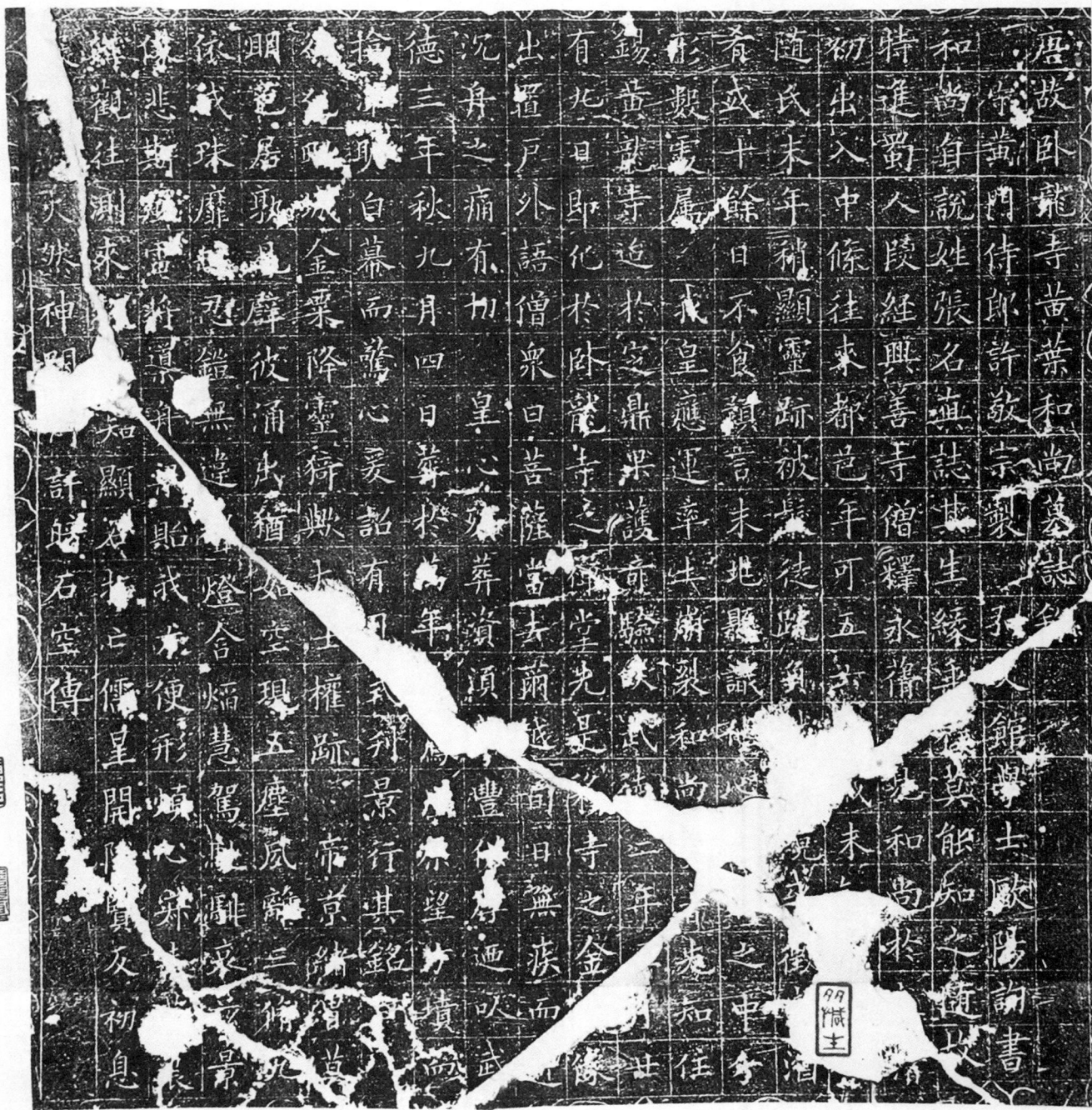

PT/583　黃葉和尚墓誌　（唐）許敬宗撰　（唐）歐陽詢書

唐武德三年（620）九月四日葬（僞刻）　刻立地不詳

清末民國拓本　1張　43 cm×43 cm

正書

首題： 唐故臥龍寺黃葉和尚墓誌銘

鈐印： 多憾生、倉永齡印、澹盦金石

首題：西山廣化寺三藏無畏
不空法師塔記

PT/300　不空塔記　佚名撰

唐開元二十五年（737）八月葬（偽刻）　陝西省咸陽市

清末民國拓本　1張　58cm×86cm

正書

唐故叔氏墓誌并序

元和九年歲直甲午正月十九日丁卯

浙東道觀察判官將仕郎試大理評事

攝監察御史李翱奉其叔氏之喪塋于

玆主叔氏諱術生于王老遠在京師翱

實主其始言叔氏棄役爰殯于野年周四

翱生豈無諸親生故或迫列殯骨是以

甲科就夜就封松檟未列殯宇零兒致假孤

京國所言竁中笔宅追念酸悽心喪于

狸府歸言来礼其合唯叔廷平生術居是邑

公不謝于吳於此靈尚其託女廷之西仲兄乃

天謝實昭向異可尚用居息就為故鄉乃

北實昭

松栢

PT/219　李術墓誌　（唐）李翱撰

唐元和九年（814）正月十九日葬（偽刻）　刻立地不詳

清末民國拓本　1張　36cm×36cm

正書

拓 片 題 簽

秦琅邪臺刻石

二世元年

戊午夏蓮溪胝

上 012

漢安三年刻石

正面

莒州莊民藏石紙

濱南

癸丑冬得於

上 019

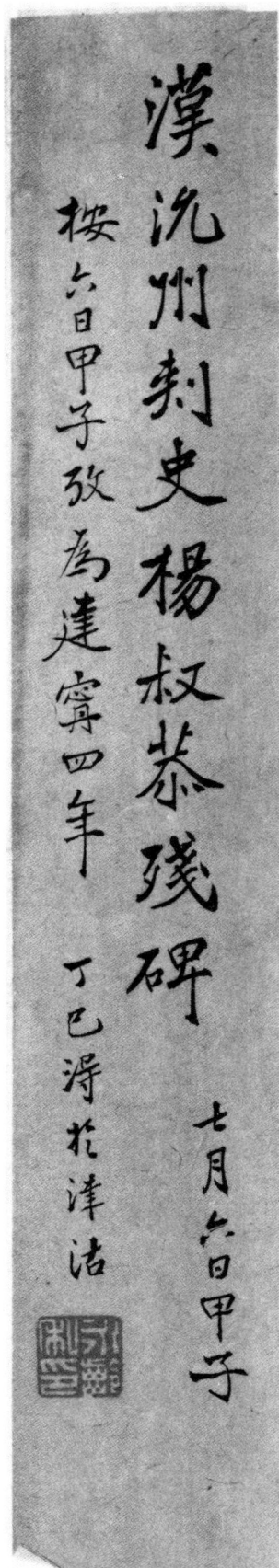

漢沇州刺史楊叔恭殘碑

按六合甲子故為達寧四年

丁巳得於澤潞

七月六合甲子

上 024

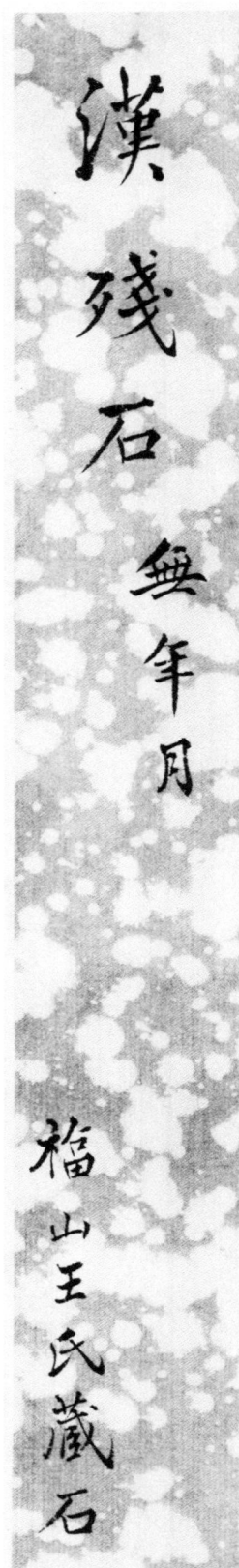

漢殘石

無年月

福山王氏藏石

上 029

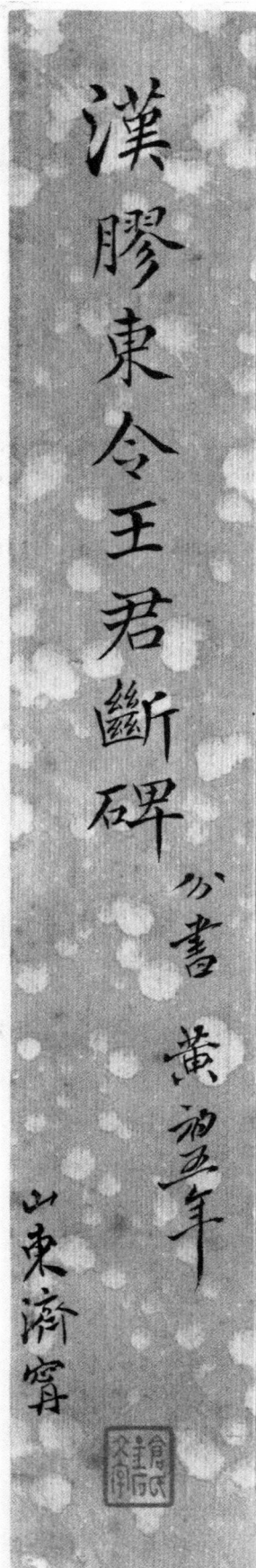

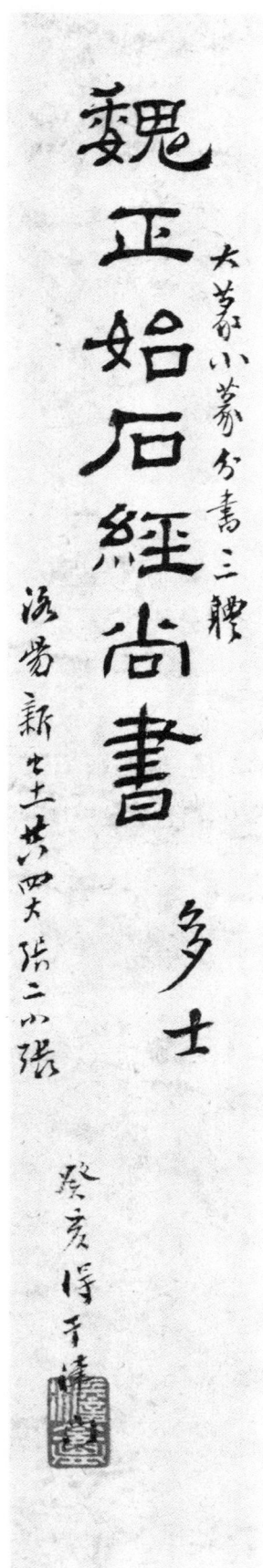

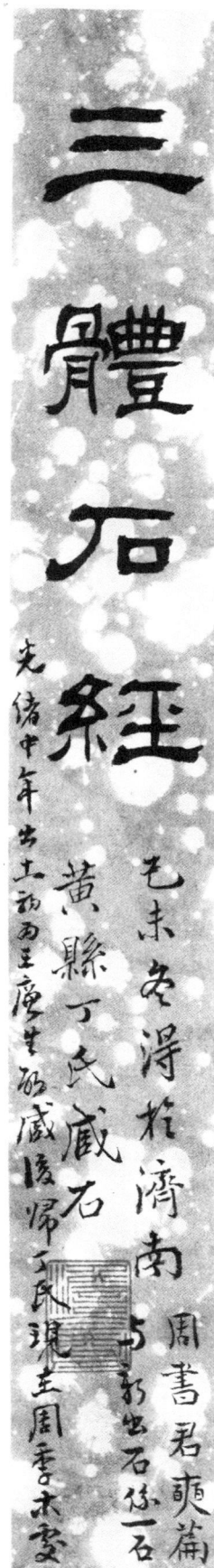

十三字殘石　無年月　分書　義下闕休字
天津牛金波藏本癸丑年浮柗都

上036

漢膠東令王君斷碑　分書　黃初五年
山東濟寧

上037

魏正始石經尚書　多士
大篆小篆分書三體
洛陽新出土共四大塊二小塊
發亥得于洛

上039

三體石經
先緒中年出土前丙王庽生硎戚後歸丁氏現主周季末變
毛未名淂柗濟南
黃縣丁氏藏石
周書君奭篇

上044

851

魏殘碑

在奉天

上 045

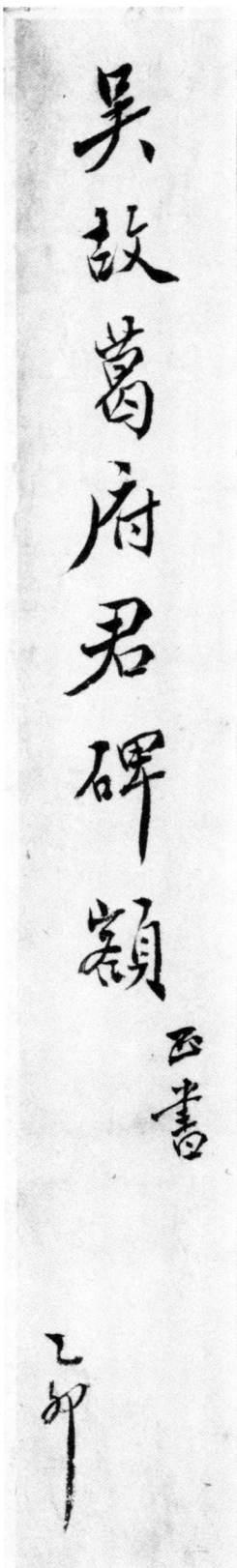

吳故莒府君碑額

正書

乙卯

上 046

齊雋脩羅碑

皇建元年十二月

乙未冬得於山左

上 053

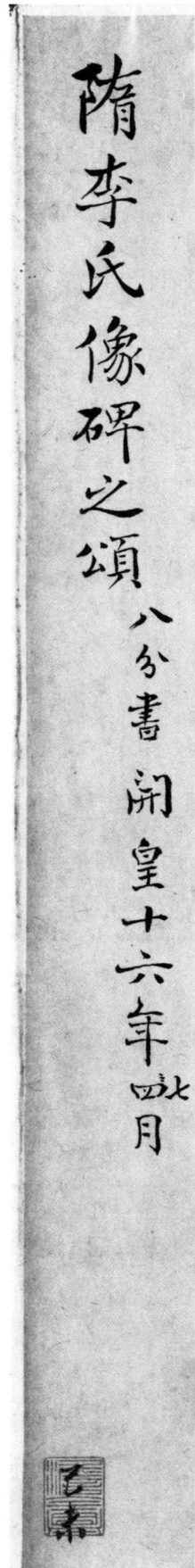

隋李氏像碑之頌 八分書 開皇十六年四月

上 058

隨陳茂碑　正書　篆額　開皇十四年　壬戌夏得於津門

上 061

魏故假節龍驤特軍中散大夫涇州刺史孟君碑　正書　隨開皇廿年太歲庚申十月丁巳朔廿八日甲申　壬戌十月得

上 062

隋舍利塔銘　仁壽二年四月　四川

上 063

隋舍利塔下銘　仁壽二年　石在河南藩署　河南

上 064

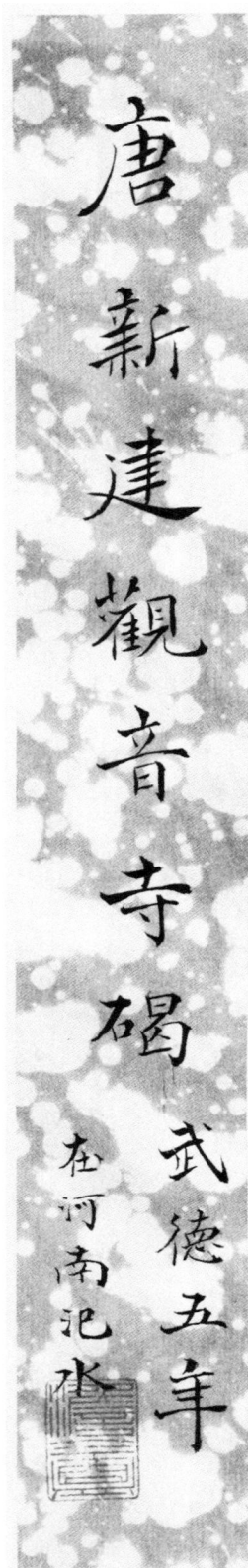

唐新建觀音寺碣 武德五年

在河南汜水

上 065

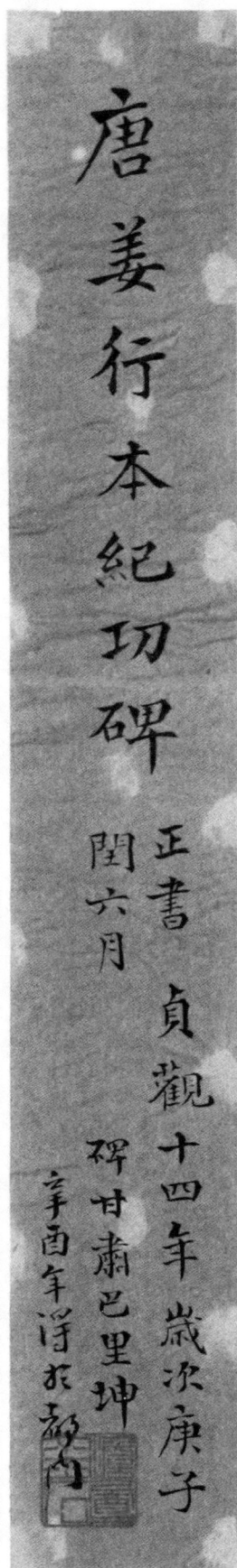

唐姜行本紀功碑

正書 貞觀十四年歲次庚子

閏六月

碑甘肅巴里坤

辛酉年浮於都門

上 067

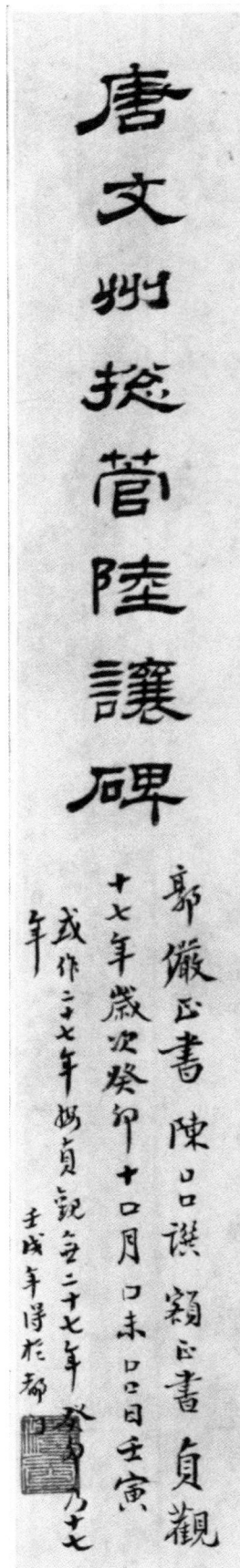

唐文州揔管陸讓碑

郭儼正書 陳□□撰 穎正書 貞觀

十七年歲次癸卯十月□末□□日壬寅

戊作二七年如貞觀二年二十七年

年

壬戌年浮於都

九十七

上 068

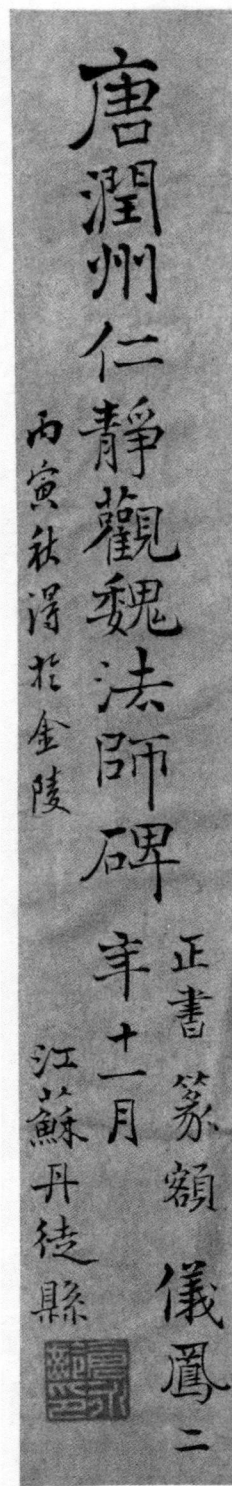

唐潤州仁靜觀魏法師碑

正書 篆額 儀鳳二年十一月

丙寅秋浮於金陵

江蘇丹徒縣

上 069

854

唐聖帝感舍利之銘　正書　儀鳳三年歲在戊寅四月丁亥朔八日甲午

上 071

唐王仁求碑　正書　聖曆元年

上 072

唐順陵殘碑　正書　長安二年正月　此石存四十二字与姚陵

上 073

唐順陵殘碑　正書　長安二年正月　此石存六十

上 073

855

唐順陵殘碑　長安二年正月
正書共五紙　此石存五十
較姚跋四字

上 073

唐順陵殘碑　長安二年
正書　此石存十七字五三申字
朗拓編存三十六字殘氏跋存
廿五字參差八字

上 073

唐順陵殘碑
審其二字殘為順陵殘碑
此石後出粹編不載存莘字

上 073

唐盧府君神道碑
正書　碑下半蝕　景雲二年　年字點蝕
辛酉千熊漢農自涿末所賜授玉彩廷出土
字極磬飭為青更唐風範瀋盦識

上 079

唐鄠縣脩定寺傳記 八分書 有陰 開元七年 篆額題寺記之碑

上 080

唐鄠縣脩定寺傳記 八分書 碑陰 開元七年

上 080

唐端州石室記 國字未損 開元十五年正月

上 082

唐尉遲迴碑 八分書 在安陽 閻伯璵撰序 顏真卿撰銘 蔡有鄰 開元廿六年正月 有陰

上 084

857

唐多寶塔銘 開元廿九年歲次辛巳閏四月辛巳朔十六日戊戌建立 正書

庚申中秋後于津門

上 086

唐雲麾殘石 卧蘐書眉 天寶元年

上 087

唐雲麾殘石 卧蘐書眉 癸丑年得

上 087

唐靈巖寺碑 天寶元年 孫氏訪碑錄謂此碑今陝西

上 089

唐高守忠龕塋記　石鎮撰　崔英正書
天寶四載歲在作噩九月廿五日記
石在洛陽存古閣　康里潭

上 090

唐中岳永泰寺碑頌　天寶十一月載閏三月沙門靖彰撰處士崔望書
碑在河南登封

上 091

唐闕忠寺寶塔頌　至德二載十一月
正書　癸丑年滉

上 092

唐巴州刺史嚴武造佛龕奏　正書　乾元三年四月十
三日
四川巴州

上 093

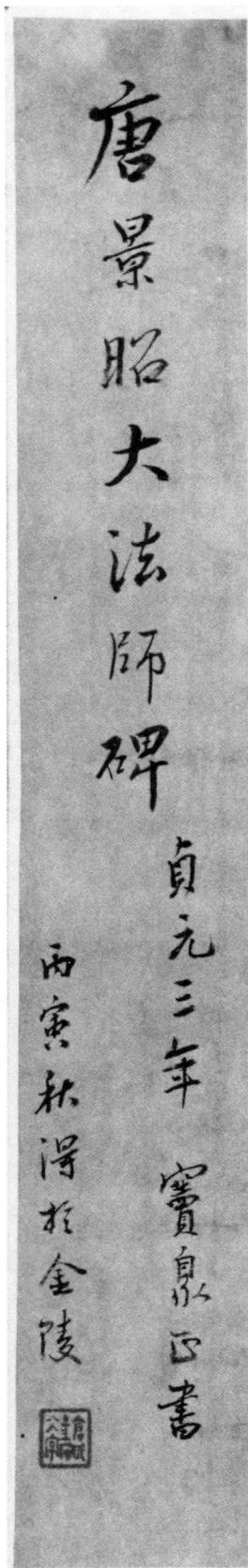

唐景昭大法師碑 貞元三年 實敞正書

丙寅秋得於金陵

上 098

唐張延賓墓誌銘 分書 貞元三年冬十月 乙酉得

上 099

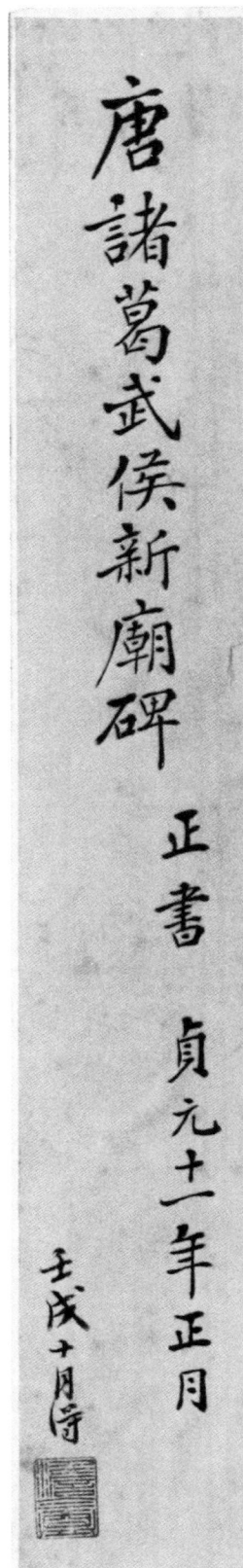

唐諸葛武侯新廟碑 正書 貞元十一年正月

壬戌十月得

上 100

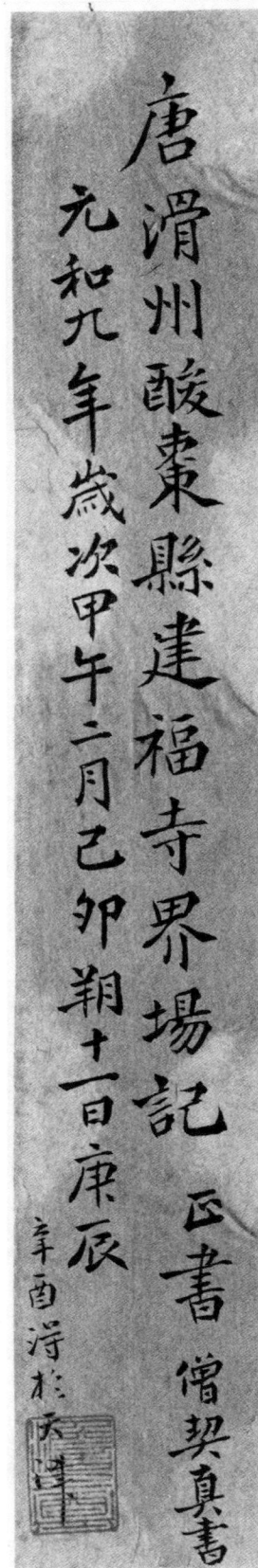

唐滑州酸棗縣建福寺界場記 正書 僧契真書

元和九年歲次甲午二月己卯朔十有庚辰

辛酉得於天津

上 102

唐東郡懷古詩刻石 天和四年六月一日
壬戌秋盧箑青寄贈 分書 縣 石在河南滑

上 103

唐阿育王寺常住田碑 七年十二月一日
范的行書並篆額 大和 碑在浙江

上 104

舊拓本
新羅國顯度大師門人稿季业壇碑銘 金生書
唐天祐三年 行書 崔仁滺撰
壬戌冬得於津門

上 112

吳香鑪題字 太和五年歲次癸巳七月乙亥
朔十五日 正書
共二紙 庚申冬得

上 113

南漢馬氏買地地合同 大寶五季歲次壬戌十四一日乙酉

上 115

顏魯公祠堂碑 米黻正書 元祐三年九月 山東費縣

上 117

遼蔚州飛狐縣閣子院鐘銘 天慶四年歲次甲午十月壬寅朔二十日 辛酉庚辰時建 鐘在直隸

上 119
上

遼蔚州飛狐縣閣子院鐘銘 同鄉黃雲錦天章贈 庚申年五月

上 119
下

上 120

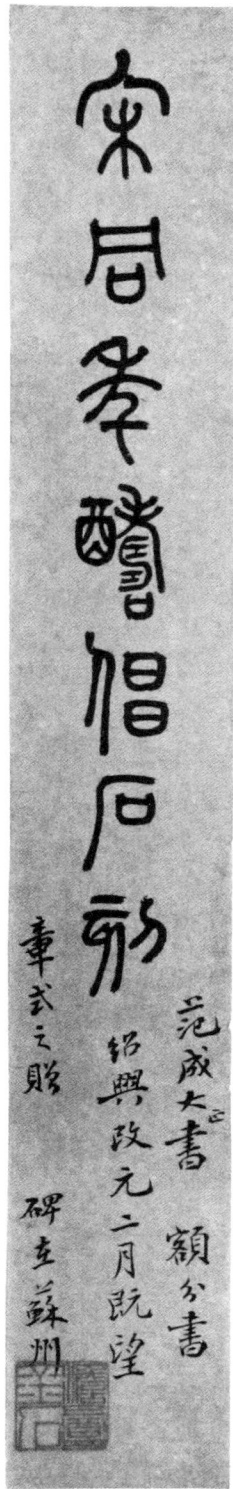

上 122

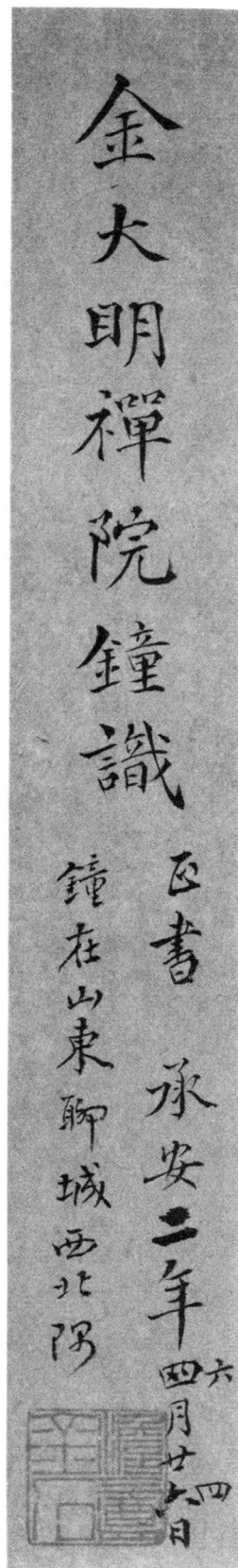

上 123

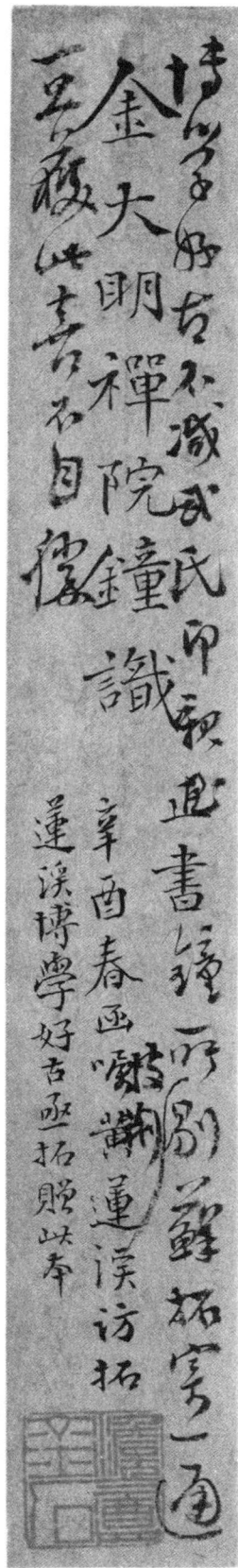

上 123

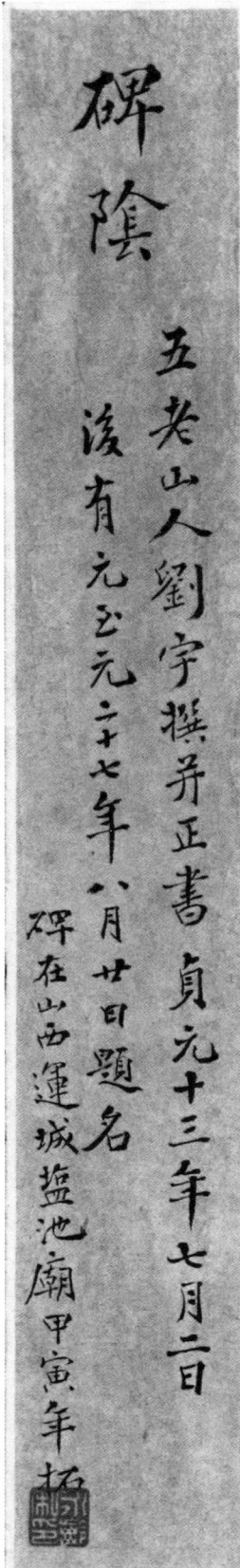

碑陰

五老山人劉宇撰并正書 貞元十三年七月二日

後有元玉元二十七年八月廿日題名

碑在山西運城鹽池廟 甲寅年拓

上 139

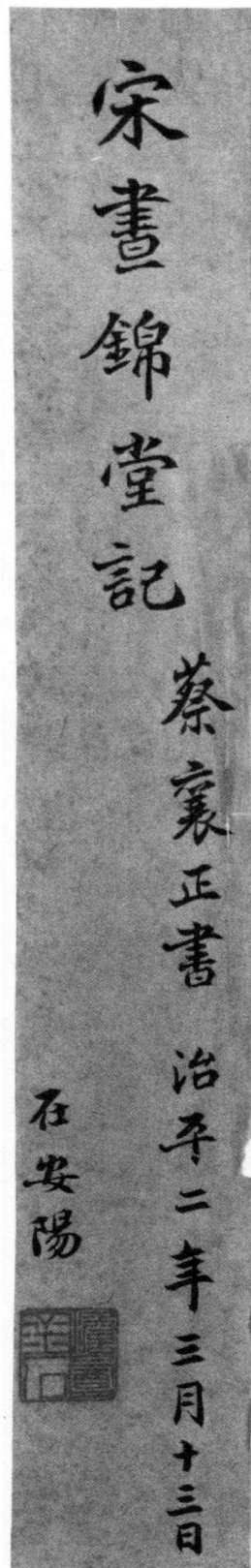

宋晝錦堂記

蔡襄正書 治平二年三月十三日

在安陽

上 140

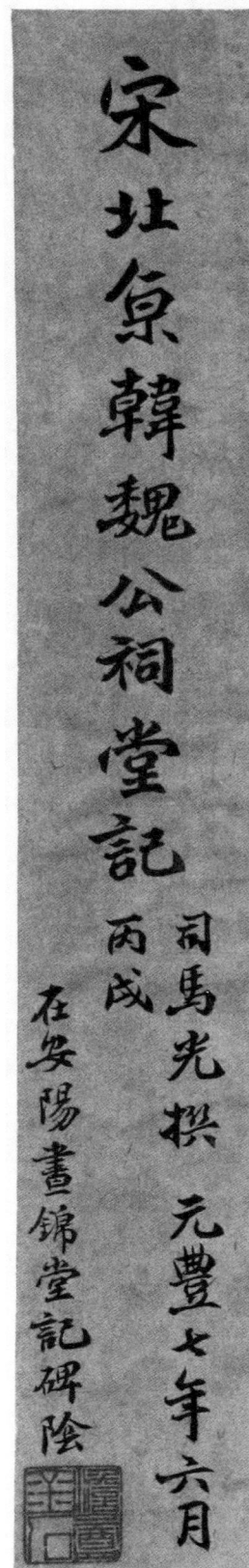

宋北宋韓魏公祠堂記 丙戌

司馬光撰 元豐七年六月

在安陽晝錦堂記碑陰

上 141

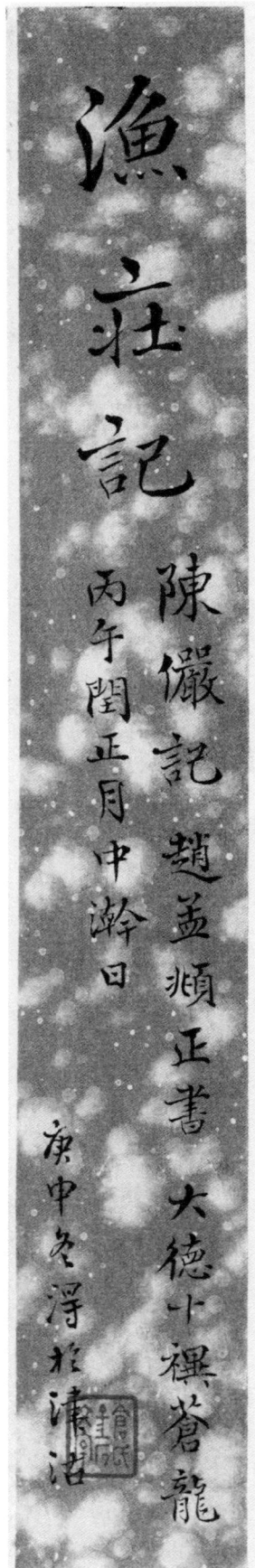

漁莊記

陳儼記 趙孟頫正書 大德十禩蒼龍

丙午閏正月中澣日

庚申冬浮於浦沽

上 142

864

定武蘭亭

翻柯丹邱藏本 石在天津

廉生洪楨天津

上 155

順陵殘碑跋

上 156

帝廟記殘石

無年月

直隸唐山縣出土

上 158

王克安名文沼據云此係吳梅公改罷之殘為一塊今存右

佛說寶梁經沙門品第一　正書　無

辛酉冬月蔣

上 159

漢嚴氏食堂畫像　分書

山東新出黃蓮溪寄贈搨云石舊在
外人後有人於僧價贖四兩外人不肯石三
而在竟不可致

第一經年錢石亦辨下而元年二月口日第二行似比已元庚三年搨元康内宣
物矢石之舊等分孫方知得此搨李玄方孫英
庚申冬月雪窓漫盦識　試鐓剝此石為西漢

上 160

漢畫像　山東新出土
己巳年朱垠夫壽贈

上 200

漢畫像　山東新出土
己巳年朱垠夫壽贈

上 201

866

漢畫像 山東新出土 己巳年朱坦夫寄贈

上 202

宋元嘉艁像 正書 元嘉二十五年七月廿三日立 稿山王漢輔藏石

上 204

魏元景造像 石在奉天大凌河畔 康申秋羅振玉覓玉匠拓固得此本 太和廿三年歲次己卯下泐

上 207

魏孫永安造像 熙平元年十月十五日 康申

上 211

魏孫寶憘造像

神龜元年三月

舊拓本 晉祠神龜三月三字

上 212

魏正光造像

正光三年正月 呂玠之造像

摸王帖佰石碑在山東萊州

乙未冬汎拓於山左

上 214

魏杜文慶廿八造像

正書 正光五年

五月十五日

辛酉冬浮

上 215

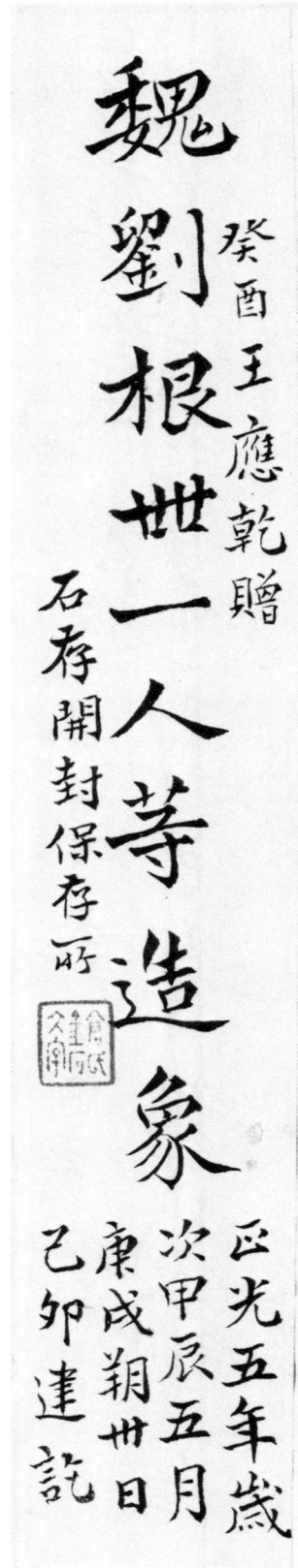

魏劉根世一人等造像

癸酉王應乾贈

石存開封保存 明

正光五年歲

次甲辰五月

庚戌朔世日

己卯達記

上 216

魏臨菅縣邑像六十八人造像　孝昌三年月　乙未冬浮於山左　山東青州

上 218

魏劉平周造像　孝昌三年　石在山東郯城縣署

上 219

范國仁造像　正書　魏普泰二年歲次壬子四月甲子朔三日丙寅　辛酉冬月浮

上 223

魏合邑卅餘人躰像　正書　年月泐　首存大魏二字　下泐

上 226

維那卌人造像

正書 東魏天平四年歲次
丁卯潤九月己亥朔十三日乙亥

閏作潤

辛酉冬浮

上 229

魏張敬謹造像石柱

六面刻正書

石藏山東諸城王氏

元象元年歲次戊午六月
戊子朔廿一日戊申

辛酉冬姚
景庭照

上 230

魏廉富義造像

正書 興和二年

辛酉冬浮於天津

上 232

魏李氏合邑造像

正書 興和四年歲次降
妻十月甲午朔八月日辛丑

河南滑縣

上 233

魏高歸彥造象記 武定元年四月

上 234

魏豐樂七帝二寺邑義人造象 武定五年二月

上 236

魏阿鹿交村王法現芘人等造像 正書 武定五年歲次丁卯九月丙申朔十八日癸丑

上 240

魏惠瑗法義造佛國之碑 武定

上 242

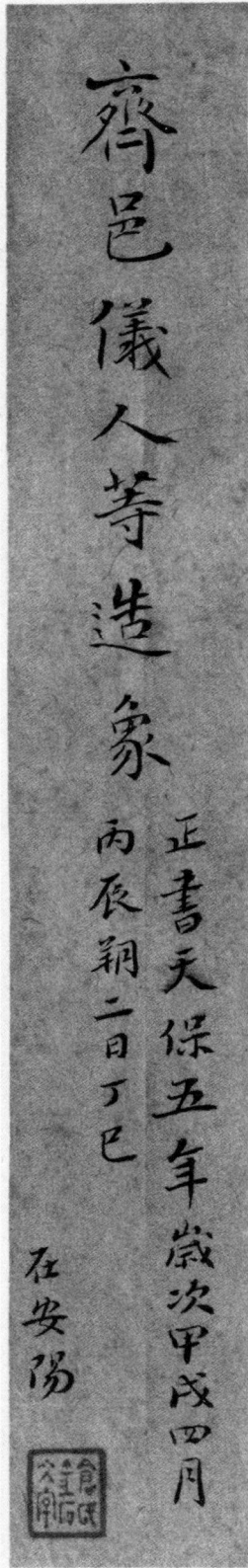

齊邑儀人等造象　正書天保五年歲次甲戌四月

丙辰朔二日丁巳

在安陽

上 245

齊朱氏邑人等造象　天保八年十二月

正書

姚景庭贈

石在臨淄縣

慶雲

上 248

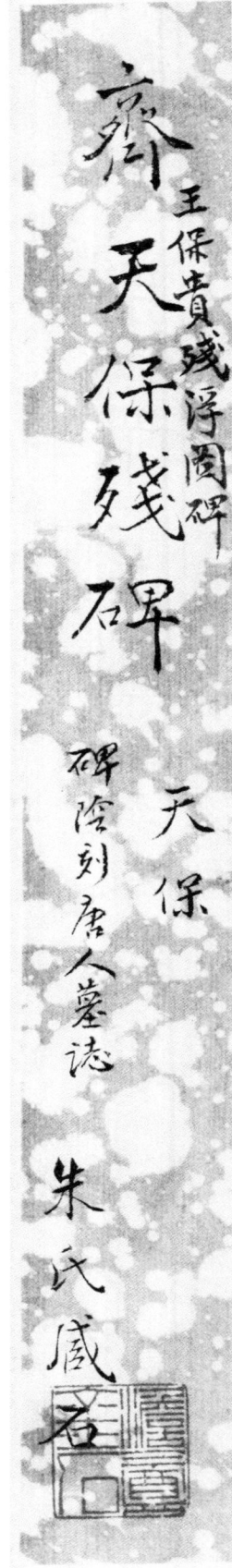

齊天保殘碑　王保貴殘浮圖碑

天保

碑陰刻唐人墓誌

朱氏威君

上 251

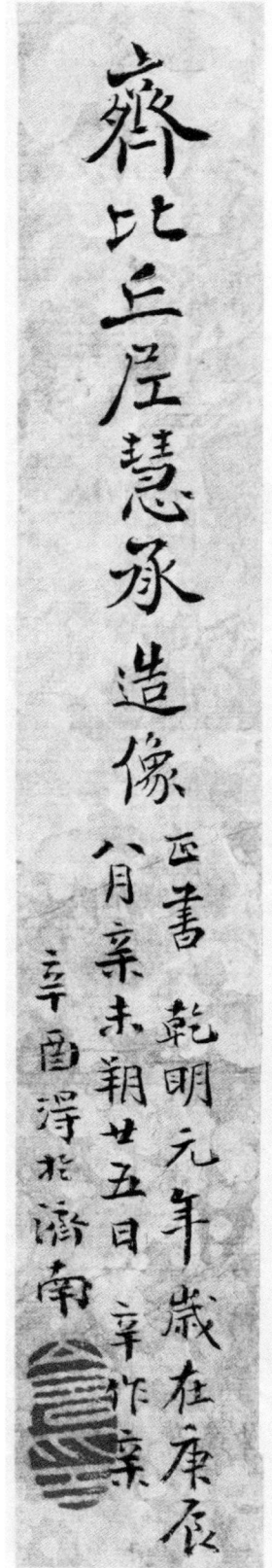

齊比丘慧承造像　正書乾明元年歲在庚辰

八月辛未朔廿五日辛

辛酉得於濟南

上 253

齊薛戢姬造像
正書 河清二年歲次癸未
四月甲午朔二日癸未
辛酉拔日得於濟南
石為西洋人所得存濟南西關廣智院
拓本少見

上257

齊阿鹿交村邑子七十人造像
正書 河清二年
歲次癸未二月朔
十七日辛巳

上256

齊邑義陳神忦等七十二人造像
正書 皇建二年歲次辛巳五月丙午朔廿
五日庚午 碑陰

上254

齊邑子陳神忦等七十二人造像
正書 皇建二年歲次辛巳五月丙午朔廿五日庚午 碑陽 辛酉所得

上254

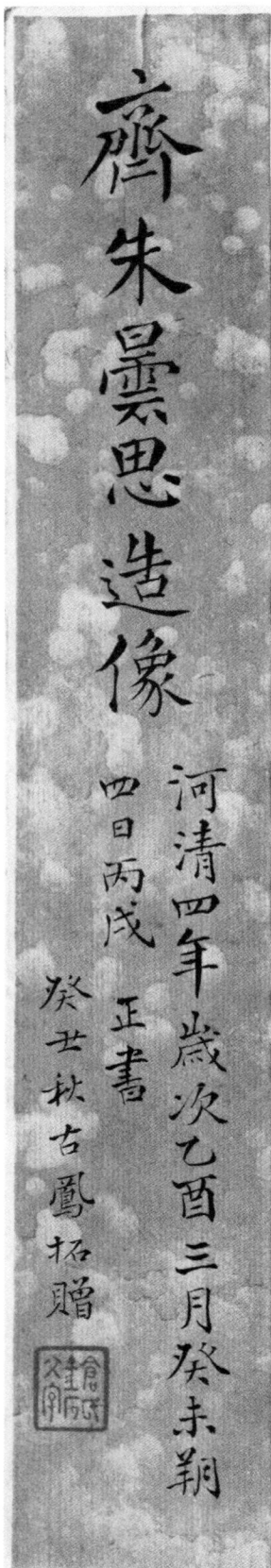

齊朱曇思造像

河清四年歲次乙酉三月癸未朔
四日丙戌 正書
癸廿秋古鳳拓贈

上 259

齊劉僧信同邑卅餘人造像 正書

此石兩在山東藩署後為江蘇吳友石所得此紙市友石拓贈

天統三年四月十日

上 261

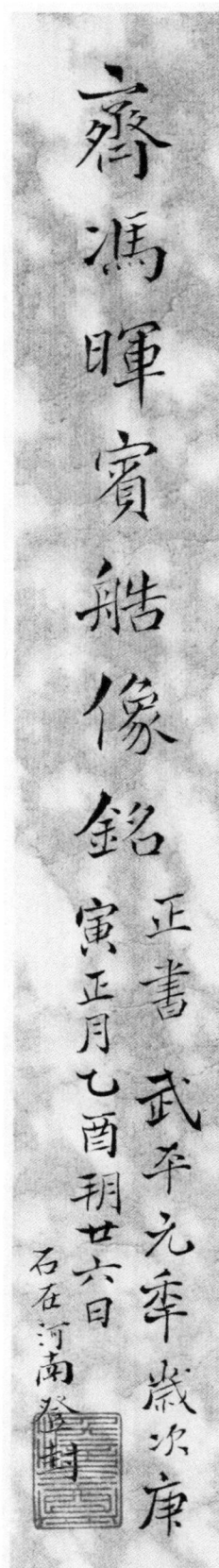

齊馮暉賓䮄像銘 正書

武平元年歲次庚寅正月乙酉朔廿六日
石在河南愛化

上 265

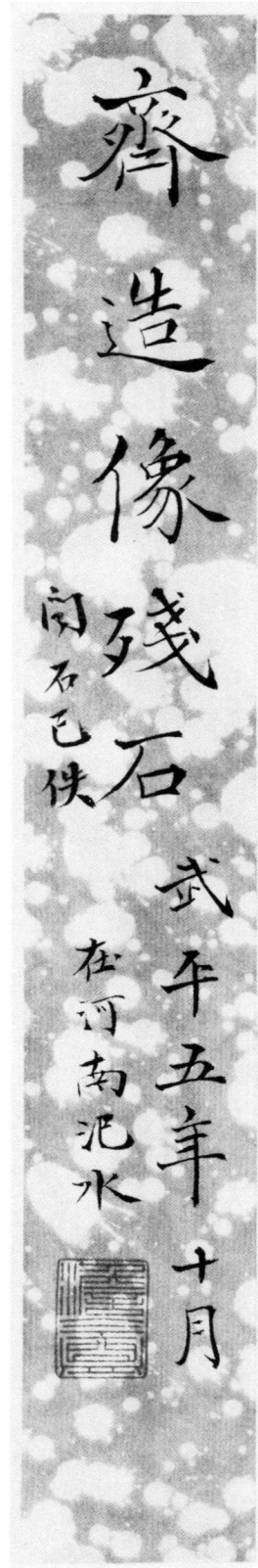

齊造像殘石 向石已佚

武平五年十月
在河南泥水

上 267

874

齊圓照圓光艁像　正書　武平六季歲次乙未五月甲寅朔世六日己卯　姚景庭贈　石在慶雲縣

上 268

隋豆盧通等艁像　正書　開皇元年四月八日　辛酉年浔

上 269

隨樊敬賢七十八造像碑　開皇五年歲次乙巳五月丙辰朔十日乙丑　正書　有陰　庚申臘月浔　龍門

上 270

隨裴世元等造像記　開皇五年歲次乙巳八月乙酉朔十五日己亥　正書　石在定州

上 273

875

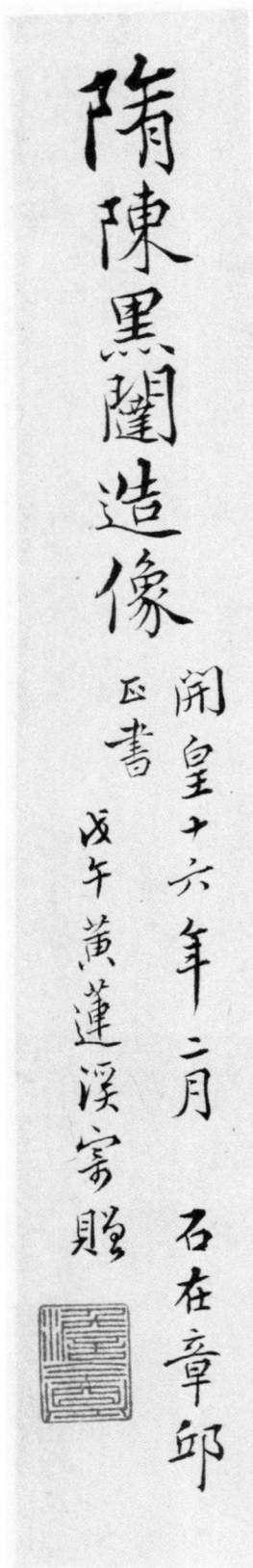

上 279

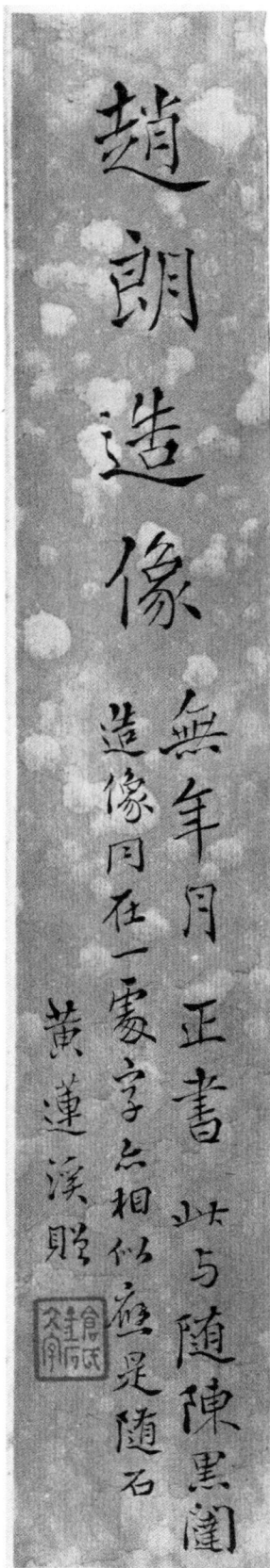

上 282

上 283

上 284

魏法師惠猛墓誌

年月泐孫氏訪碑錄列入西魏

甲寅年得于河東

中 285

魏元玪墓誌銘 正書 延昌三年十一月丙午

朔四日己酉

辛酉冬得於天津

中 286

魏元彥墓誌銘 正書

熙平元年十一月十日

戊午春得於滬上

中 289

魏元遙墓誌銘 正書 熙平二年九月二日

洛陽出土

樣榮甥贈

中 290

魏雄州刺史刁惠公墓銘 癸丑夏得於都門 有陰 熙平二年十月 九日正書

中 291

魏宮內司高唐縣君楊氏墓誌銘 正光二年十一月三日 戊午春得于沽上 正書

中 300

魏鄭道忠墓誌銘 莫謹庵貽 正光三年十二月 廿六日正書

中 301

魏鞠彥雲墓誌 正光四年十一月二日 癸丑年得於山左 中 302

魏尼王鍾兒墓誌銘 李寧民正書正光五年五月十六日 癸亥十青乃

中 304

魏孫君浮圖銘 正光五年七月廿五日 乙未冬浮于山左

中 305

魏樂安王妃馮氏墓誌銘 正書 正光五年十一月甲子朔十四日甲子 辛酉浮於津沽

中 307

魏故假節輔國將軍東豫州刺史元公墓誌銘 孝昌元年十月廿一日 戊午浮於津沽

中 309

魏元壽安墓誌銘 正書 孝昌三年

洛陽新出土 癸亥浮於津門

歲次丙午十月丁卯朔十九日乙酉

中312

魏高廣墓誌銘 正書 孝昌三年十月

辛酉年浮

中313

魏于景墓誌銘 正書 孝昌二年十一月丙申朔十四日乙酉

庚申十月章武之贈

中314

魏寢侶墓誌銘 正書 孝昌三年十二月廿六日

辛酉冬丙浮

中316

魏岐州刺史富平伯于万年墓誌銘　癸丑陶月如贈　孝昌三年五月　十一月　正書

中 318

魏昭儀墓誌銘　正書　孝昌三年九月廿三日　有蓋　壬戌三月捸榮甥自法東津贈

中 319

魏元悰墓誌銘　正書　建義元年六月丁亥朔十六日壬寅　有蓋　甲子二月

中 322

魏元悰墓誌蓋　武進陶氏藏石

中 322

魏元略墓誌銘 正書 建義元年歲次戊申七月丙辰朔十六日癸酉建 洛陽新出土

中 324

魏元廞墓誌銘 正書 建義元年七月十八日 洛陽新出土 癸亥七月閏春告照

中 325

魏吐谷渾氏墓誌銘 正書 建義元年八月十一日 洛陽新出 癸亥初于津坊

中 327

魏元誨墓誌銘 正書 普泰元年三月廿七日 武進內氏藏石 甲子二月浮

中 329

882

魏賈散騎之墓誌　普泰元年十月
姚女史精拓石藏李肖石慶　戊午浮於津沽

中330

魏李顃墓誌
太昌元年九月廿九日
戊午年浮
正書

中332

魏劉懿墓誌銘
正書　興和元年卒二年
歲在庚申正月庚戌朔二十四日癸
酉葬　舊拓本辛酉秋浮於津南

中338

魏廣陽文獻王墓誌銘正書
一武定二年八月
戊午秋浮於津沽

中341

魏廣陽文獻王妃王令媛墓誌 武定二年八月 戊午年得 正書

魏梁州刺使散騎常侍元顯墓誌 武定二年八月 戊午年得于津沽 正書

魏元均墓誌銘 分書武定二年八月二十日 在安陽

魏叔孫固墓誌 武定二年十二月廿九日分書 戊午秋得於津沽

中 342

中 343

中 344

中 346

魏馮令華墓誌銘　正書　武定五年歲次丁卯十一月甲午朔十六日己酉　在昌當

中347

魏安豐王妃馮氏墓誌銘　分書　武定六年十月二十三日　磁物新出工

中349

魏吳郡王蕭公儀墓誌銘　正書　武定八年二月某日　磁州出土　今歸奉天　此乃新出土拓本

中350

穆芊嚴墓誌銘　正書　武定八年歲次庚午五月己酉朔十三日辛酉　在安陽

中351

885

齊邢夫人墓誌銘
皇建二年十一月十九日
磁州出土今為壽天府玉峽本為祐出
玉峽拓
正書

中 357

齊梁伽耶墓誌銘
河清元年二月十日
磁州出土今歸壽天興乃新
出土拓本
四
二
正書

中 359

齊朱岱林墓誌銘
武平二年二月
乙未冬得
濟南扶封
正書

中 362

齊徐之才墓誌銘
武平三年十一月廿二日
直隸磁州出土今歸奉天此本為初
出土所拓乙未秋流盒識
正書

中 365

886

齊鄭子尚墓銘　武平五年十二月廿三日　戊午年渟正書

中366

周寂俋墓誌銘　正書　宣政二年歲次己亥正月四日　甲子二月渟　武進陶氏藏石

中368

隋諱靜墓誌銘　分書　開皇三年十月十九日　辛酉十二月渟

中370

隋淳于儉墓誌銘　開皇八年十一月廿日正書　己未蓮溪贈

中376

齊韋略墓誌銘　正書

八年年號沴字似是開皇八三字　十四日己酉　按戊申應是隋開皇　□□□年歲□戊申十二□丙申朔

中 377

隋暴永墓誌銘　分書　開皇九年十月　廿有四日有蓋　賀亥□于津門　名

中 378

隨王曜墓誌銘　正書　開皇十年八　月十七日　庚午酉臘八浮　誌

中 380

隋張景略墓誌銘　分書　開皇十一年正月廿　六日　辛酉浮

中 381

周翟君墓誌銘 隋開皇十五年歲次乙卯十月丙戌朔廿四己酉 庚申浮於鄴門

中382

隋劉世榮墓誌銘 開皇十六年五月一日 戊午秋九月 正書

中383

齊李盛墓誌銘 隨開皇十八年十月十二日正書蓋有花紋 壬戌秋浮於津門 鍰書

中384

隋宋睦墓誌銘 正書 開皇十八年十月 十二日 辛酉冬月浮

中385

889

初拓隋蘇孝慈墓誌銘 仁壽三年三月七日 正書
甲寅浮於河東 初拓本

中 389

隋馮君夫人李玉婥墓誌 正書
仁壽四年十二月四日 戊午秋浮于津沽

中 390

隋蔡府君妻張夫人墓誌銘 正書 大業二年
十二月廿九日 辛酉冬月浮于大津

中 391

隋董穆墓誌銘 大業六年十一月朔三日 正書
在藏長白托吾洛氏

中 396

隋蕭瑒墓誌銘 正書 大業八年太歲壬申八月戊申朔十三日庚申 有蓋 三十四冬月浮

中398

隋孔神通墓誌銘 正書 大業八年歲次壬申 十一月八日 庚申浮於都門

中400

隋羊本墓誌銘 大業十二年歲次丙子七月乙卯朔三十日甲申 正書 石本滌瑒盈古闇 庚申浮

中414

諱直墓誌銘 分書 大業十二年十月二十六日 辛酉冬浮

中415

唐故大靈琛禪師灰身塔銘 貞觀三年四月十五

唐劉節墓誌銘 正書 分 貞觀五年七月十 五日 癸亥十二月得

唐孟保同墓誌銘 正書 貞觀拾肆年歲次庚子拾壹月玖日 癸亥十二月日

唐劉棨墓誌銘 分書 貞觀十六年六 月廿五日 癸亥十二月得

中 418   中 420   中 425   中 429

唐張鍾葵墓誌銘　正書　貞觀十八年十月九日

不知所主　癸亥四月于庫活

中 431

唐張育墓誌銘　正書　貞觀二十二年二月廿一日

癸亥十二月日

中 437

唐文安縣主墓志　正書　貞觀廿二年三月廿二日　文字未泐本殊不多見甲子秋得于都門　石在蘇州

中 438

唐張行滿墓誌銘　正書　貞觀二十二年四月廿三日

癸亥冬得

中 439

唐趙夫人墓誌銘　正書　貞觀二十三

年九月四日

癸亥十二月　得

中 444

唐徐純墓誌銘

貴　　　誌內年號敲破惟貞觀二字尚可辨

識石藏建德周家字極精湛出自

澂盦識

中 445

唐劉裕墓誌銘　正書　永徽四年歲次癸

丑二月癸未朔二十日壬寅

癸亥十二月日

中 448

唐趙君夫人郭嘉墓誌銘　正書

永徽五年歲次甲寅二月丁丑朔廿一日丁酉

癸亥十二月日

中 452

894

唐蔣蕭墓誌銘　正書　永徽五年閏五月廿八日　有蓋　澹堪藏石

中 454

慕容夫人墓誌銘　正書　顯慶三年正月廿三日　戊午

中 465

唐樊寬及夫人韓氏合葬墓誌銘　正書　顯慶五年二月十三日　唐申得栢都郡門

中 474

唐王敏墓誌銘　正書　顯慶六年二月十九日　顯慶十二月内

中 475

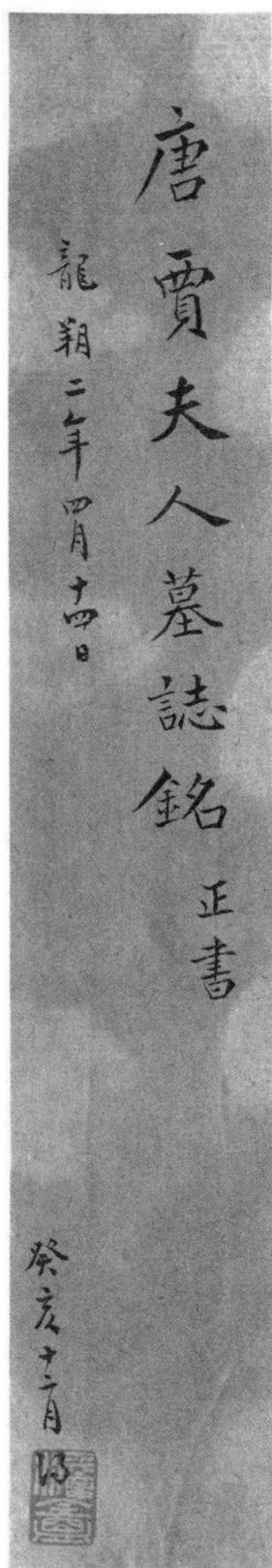

唐賈夫人墓誌銘 正書

龍朔二年四月十四日

癸亥十二月

中 483

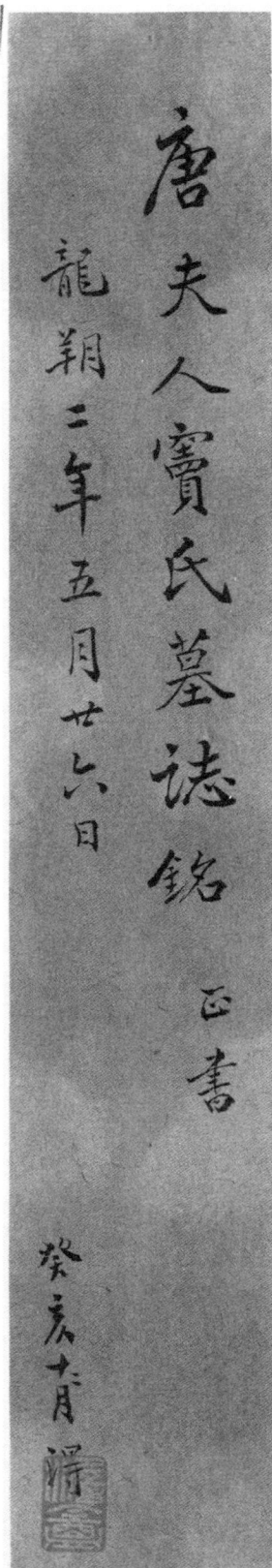

唐夫人竇氏墓誌銘 正書

龍朔二年五月廿六日

癸亥十二月

中 484

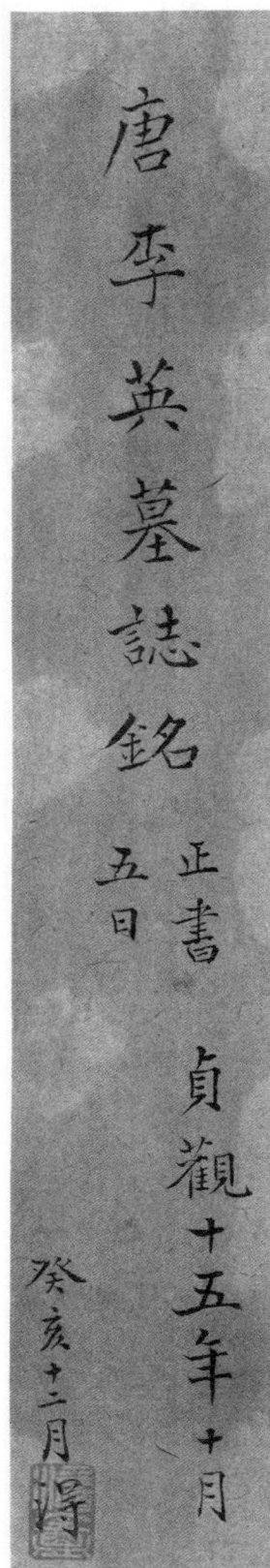

唐李英墓誌銘 正書

貞觀十五年十月五日

癸亥十二月

中 493

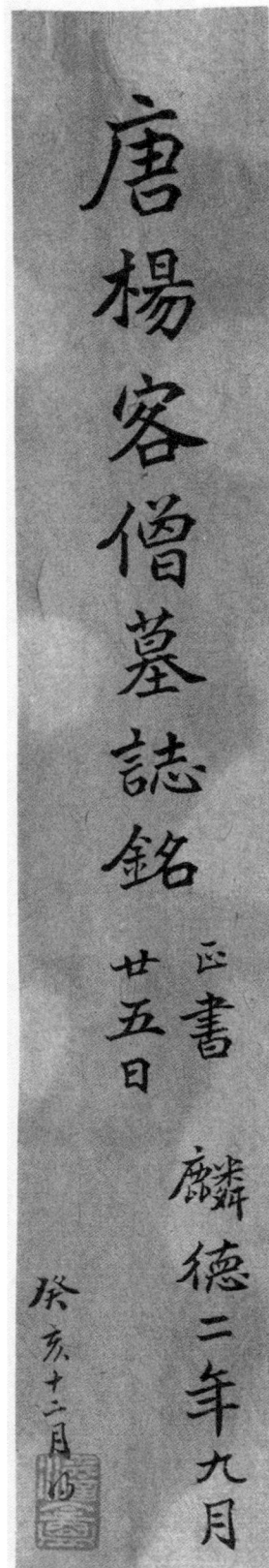

唐楊客僧墓誌銘 正書

麟德二年九月廿五日

癸亥十二月

中 501

唐李夫人弟墓誌銘　正書　乾封二年十月廿八日　癸亥十二月

中 508

唐婁敬墓誌銘　正書　乾封二年閏十二月十七日　癸亥十二月

中 509

唐張君墓誌銘　乾封三年歲次戊辰正月乙酉朔二十五日正書居君洛陽　存□閣　庚申得

中 511

唐蔣君太夫人張氏墓誌銘　總章元年二月廿日　正書　庚申得於都門

中 512

李泰墓誌銘 正書
君墓誌銘 總章元年十一月二日李
此本石尾另一行年月在後
書李君墓誌銘無剜

唐張曉墓誌銘 正書 咸亨元年
月廿日
癸亥十二月得

唐張祖墓誌 咸亨三年二月廿二日
戊午年得于沽上

唐王玄墓誌銘 正書 咸亨三年歲次癸酉五月庚寅朔廿四日壬子
其曰用巽時
按咸亨三年丙壬申四年丙癸酉
高石為一支人墓誌字小新詳
一石兩刊助志誌不可解
為總章二年王玄後刻貫上

中514　　　　中518　　　　中521　　　　中522

898

唐何氏墓誌 咸亨五年四月六日 正書 戊午年昉浮

中 526

唐劉守忠墓誌銘 興元二年七月廿一日 正書 庚申書

中 528

唐靈洪墓誌銘 正書 上元二年歲次乙亥十月辛未朔廿七日 姚景庭照 石立直隸慶雲

中 529

唐楊茂道墓誌銘 正書 上元二年十一月□日 癸亥十二月□日

中 530

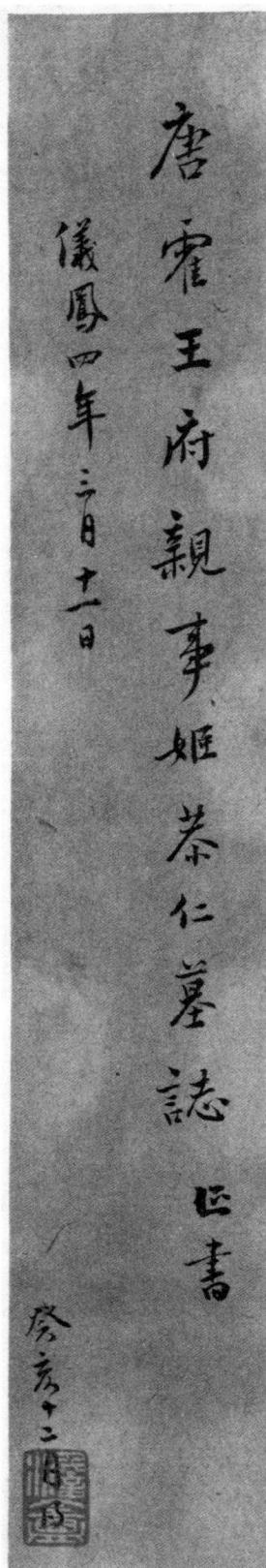

唐霍王府親事姬茶仁墓誌 正書

儀鳳四年三月十一日

癸亥十二

中 541

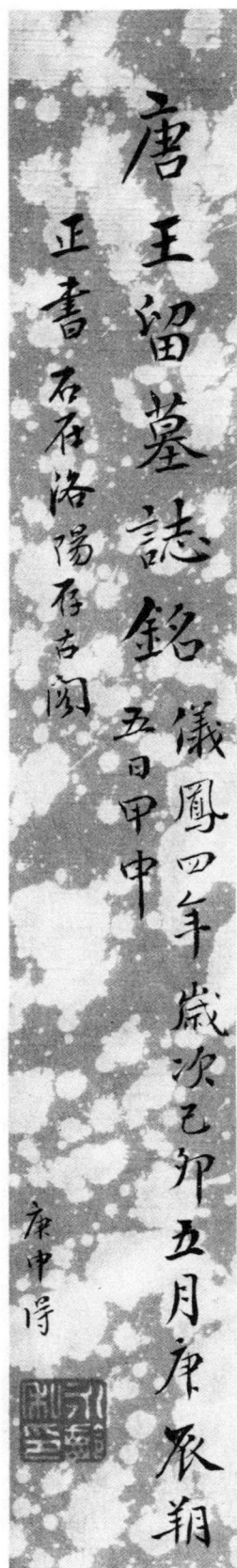

唐王留墓誌銘 儀鳳四年歲次己卯五月庚辰朔

正書 石在洛陽存古閣

五日甲申

庚申得

中 542

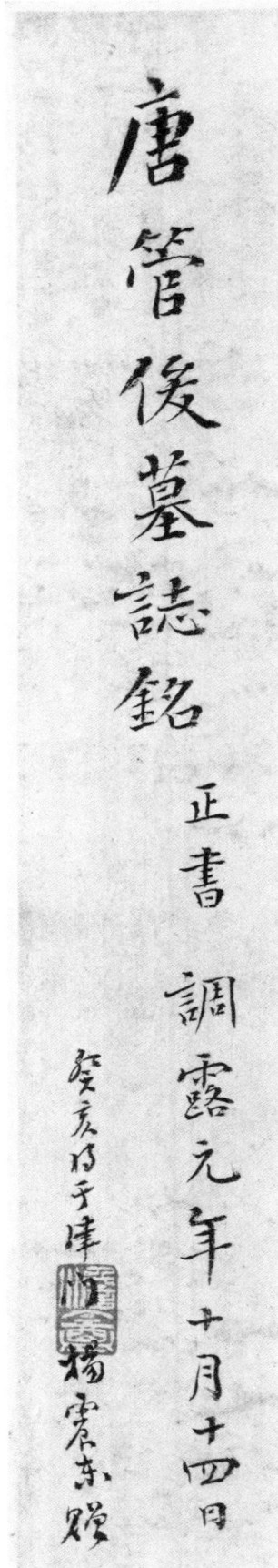

唐管俊墓誌銘 正書 調露元年十月十四日

癸亥得于津海 檔霖東贈

中 544

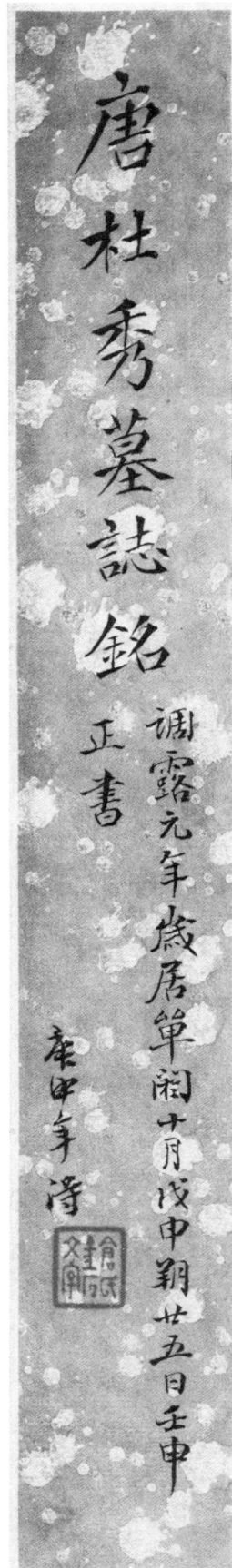

唐杜秀墓誌銘 正書 調露元年歲居單閼十月戊申朔廿五日壬申

庚申年得

中 546

900

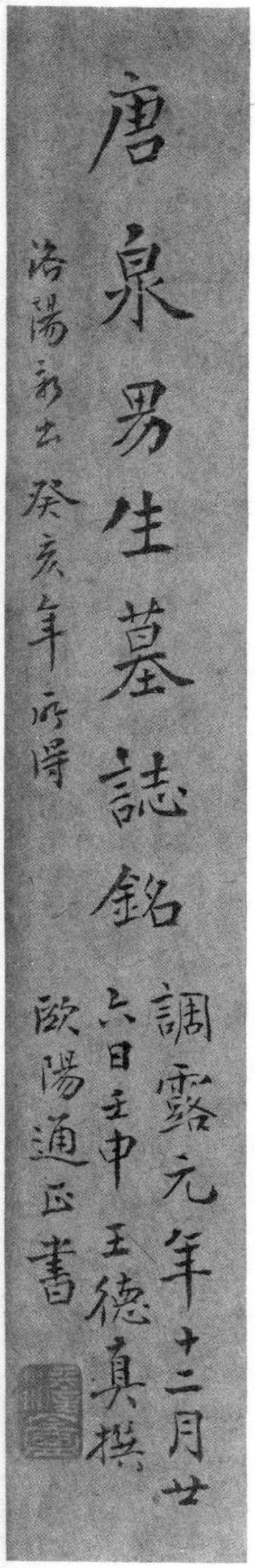
唐泉男生墓誌銘
洛陽新出 癸亥年所得
調露元年十二月廿
六日壬申 王德真撰
歐陽通正書

中 547

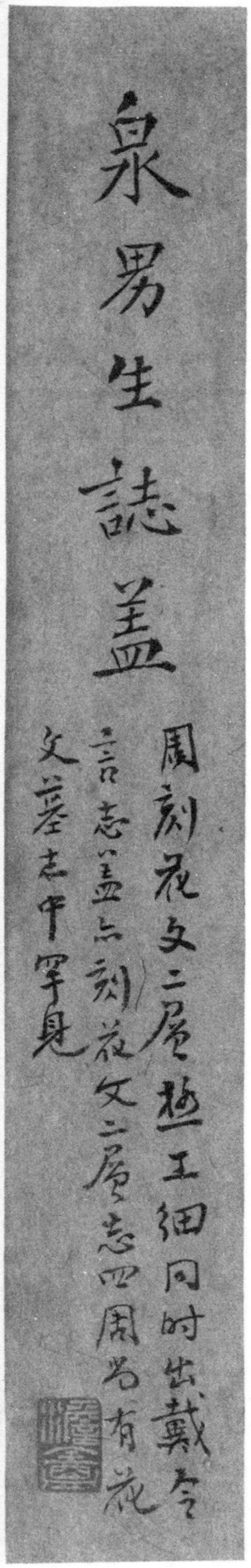
泉男生誌蓋
周刻花文二層極工细同时出戴令
言志亦盖亦刻花文二層志四周为有花
文墓志中罕見

中 547

唐濟度寺尼法樂墓誌銘
永隆二年歲次辛巳三月庚
午朔廿三日辛卯 正書
庚申得

中 549

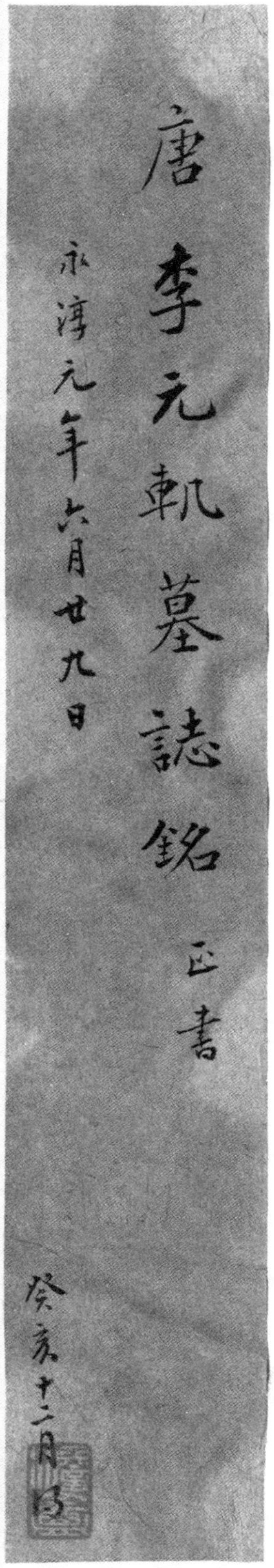
唐李元軌墓誌銘
正書
永淳元年六月廿九日
癸亥十二月得

中 551

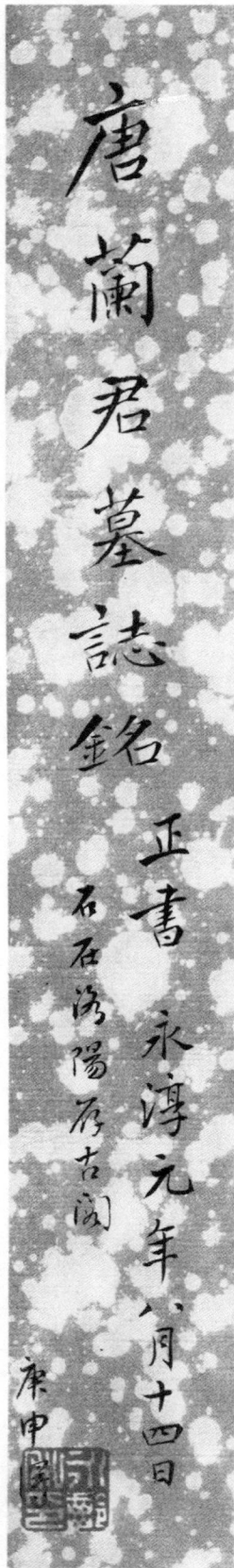

唐蘭君墓誌銘 正書 永淳元年八月十四日 石石濤陽存古閣 庚申

中 552

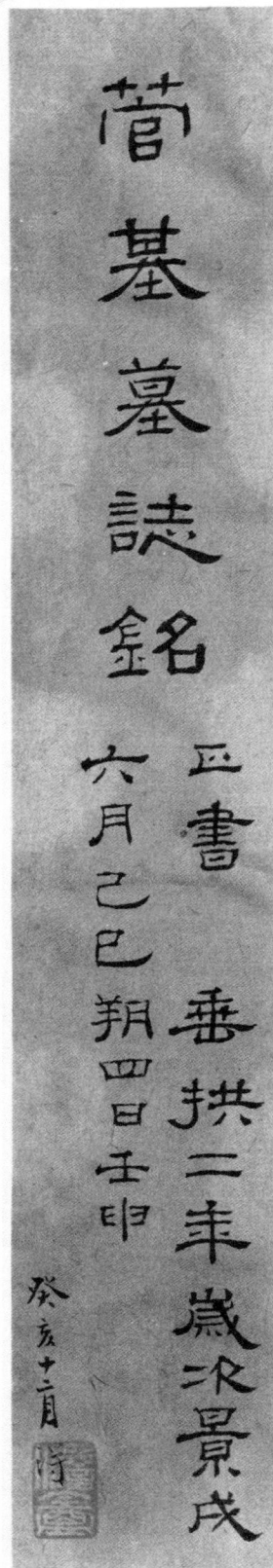

菅基墓誌銘 正書 垂拱三年歲次景戌 六月己巳朔四日壬申 癸亥十一月

中 563

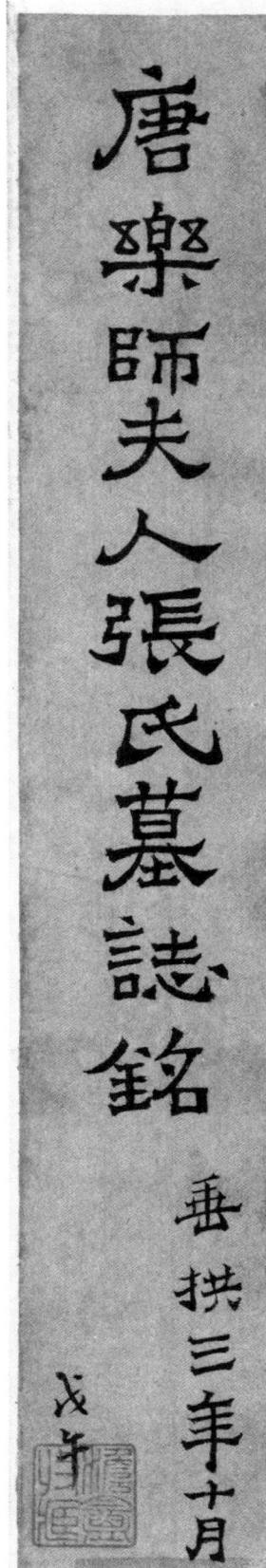

唐樂師夫人張氏墓誌銘 垂拱三年十月 戊午

中 565

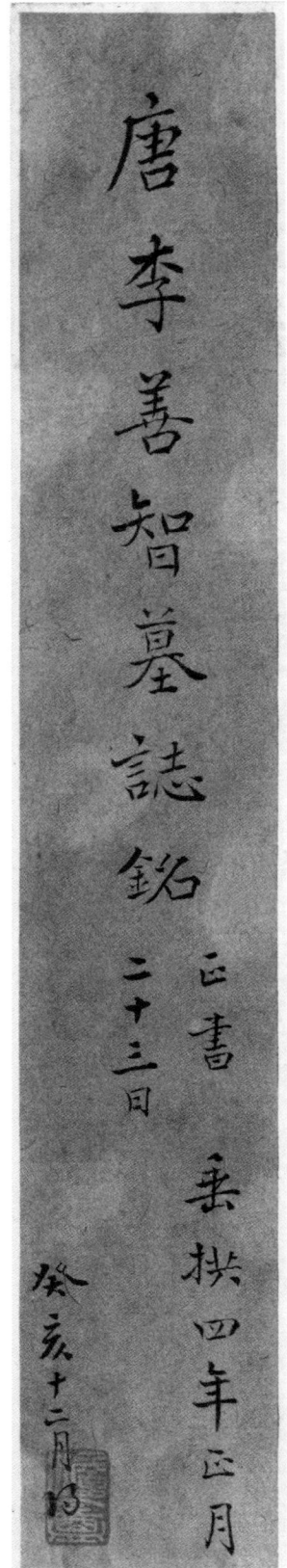

唐李善智墓誌銘 正書 垂拱四年正月 二十三日 癸亥十二月

中 566

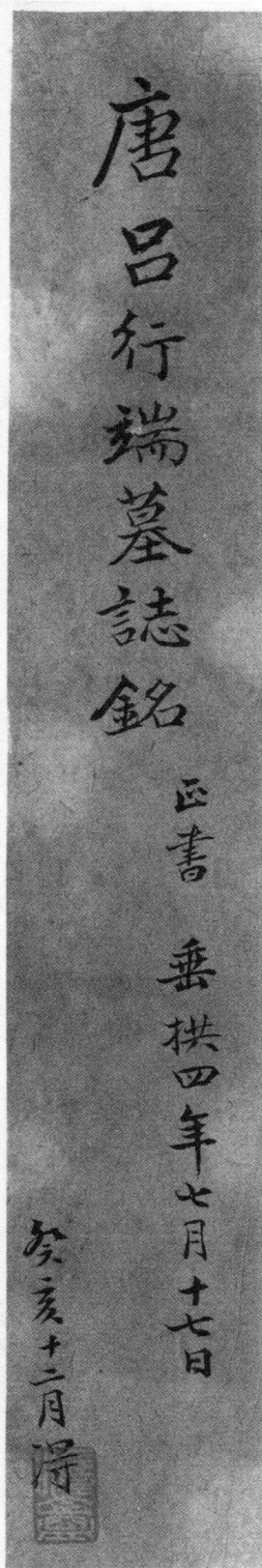

唐呂行端墓誌銘　正書　垂拱四年七月十七日　癸亥十二月得

中567

唐張安安墓誌銘　正書　垂拱四年十月廿四日　庚申浮于都門

中568

唐高珎墓誌銘　正書　載初元年正月廿二日　在安陽

中571

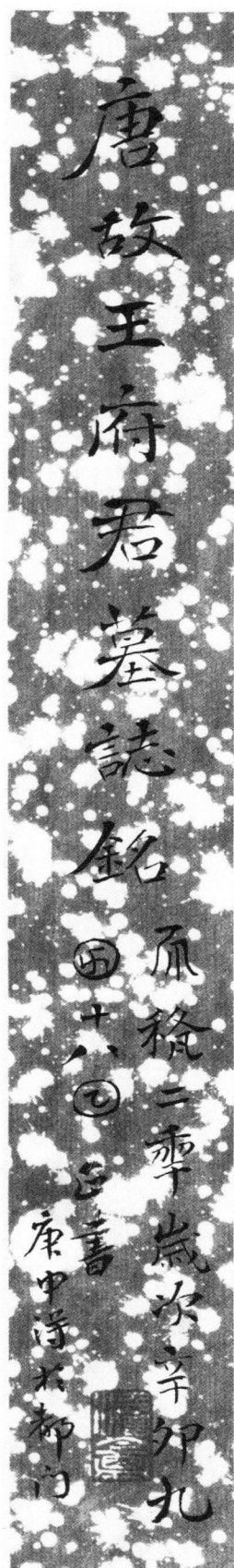

唐故王府君墓誌銘　凡稿二□歲次□卯九□十八□正書　庚申浮于都門

中574

周德州脩縣令蘇卿墓志銘

鑴匠李阿四与今流似乎名相同 天授三年正月

程仵郎墓誌銘

正書 長授二年歲居

南呂囯在應鍾十七日癸酉歲天授之

按長授應昰長壽之誤誤

周劉君夫人郭氏墓記銘

萬歲登封元聖二囯十二囯 正書

庚申淨松都尚

周故琁州榮德縣丞梁君墓誌銘

萬歲通天 甲寅

中 584　　　　中 588　　　　中 594

中 591

904

唐牛阿師墓誌銘
正書 墨王曆二年臘匹
廿匹建
康中浮於秕

中 601

周故致果校尉左千牛備身戴君墓誌銘
聖曆三年二月二日 行書
甲寅

中 602

大周故京兆男子杜芋墓誌銘 正書
長安二年四月十二日
庚申浮於都

下 603

周故游擊將軍上柱國南陽趙府君墓誌銘
長安三年二月廿八日 正書
甲寅

下 607

周陳翀庭墓誌銘 正書 長安三年十二月朔十日 庚申得於都門

下 609

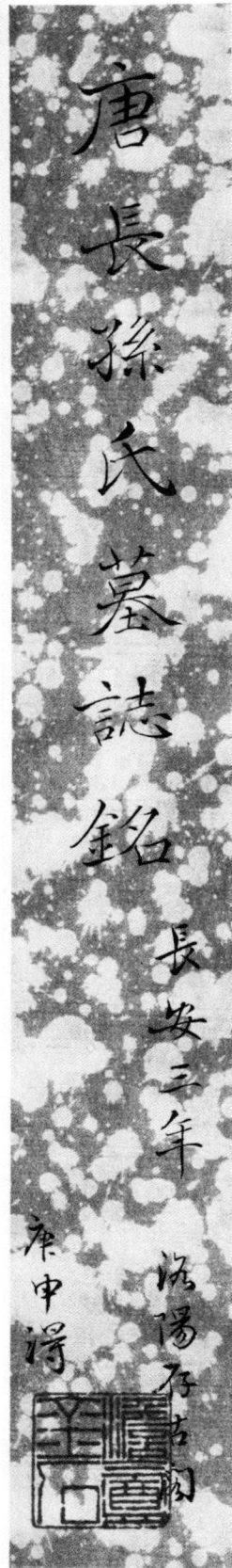

唐長孫氏墓誌銘 長安三年 庚申得 沈陽存古閣

下 610

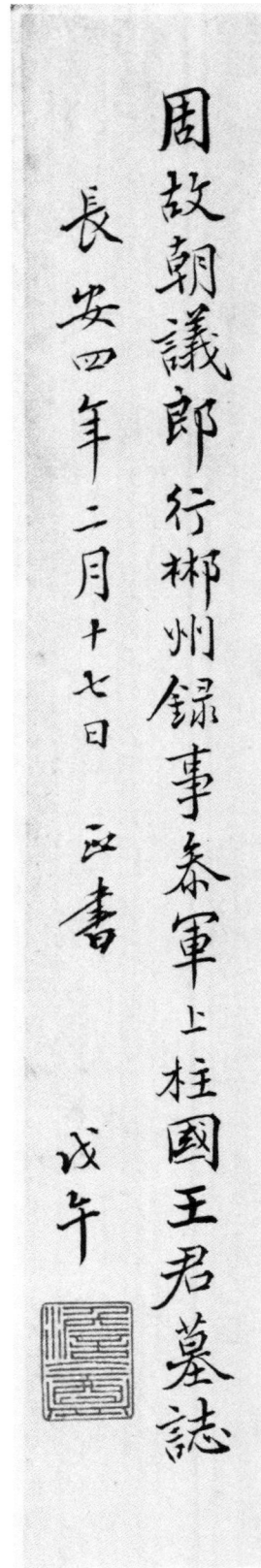

周故朝議郎行郴州錄事參軍上柱國王君墓誌 長安四年二月十七日 正書 戊午

下 611

唐安令節墓誌銘 正書 神龍元年 三月五日 郭保義撰 石惟肩書 癸亥年得于津門

下 612

唐闕虞福墓誌銘 景龍元年十月八日
正書

下 617

唐華陽郡君楊氏合葬墓誌 陰 景龍三年七月十五日
柳紹先撰
李為仁正書

下 618

唐故朝散大夫金州西城縣令息梁君墓誌 景龍三年歲次己酉十月甲申朔二日乙酉
襄陽
庚申將於都內

下 620

張府君妻趙夫人墓誌記 正書
唐景雲二年歲次辛亥五月景午朔四日己酉
辛亥十二月

下 623

907

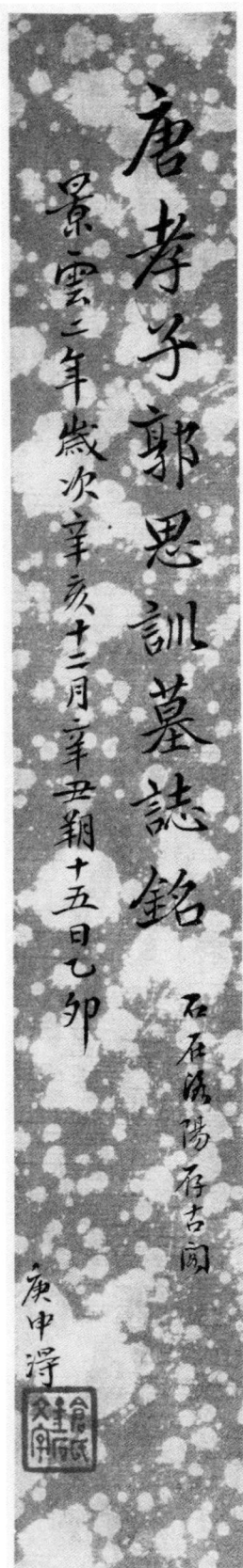

唐孝子郭思訓墓誌銘

景雲二年歲次辛亥十二月辛丑朔十五日己卯

石石洛陽存古閣

庚申得

下 624

唐鄭玄果墓誌銘

正書

開元二年歲次甲寅十二月廿九日

庚申得

下 626

唐孟十一娘墓誌

匹書 開元三年四

月九日

癸亥春得

下 627

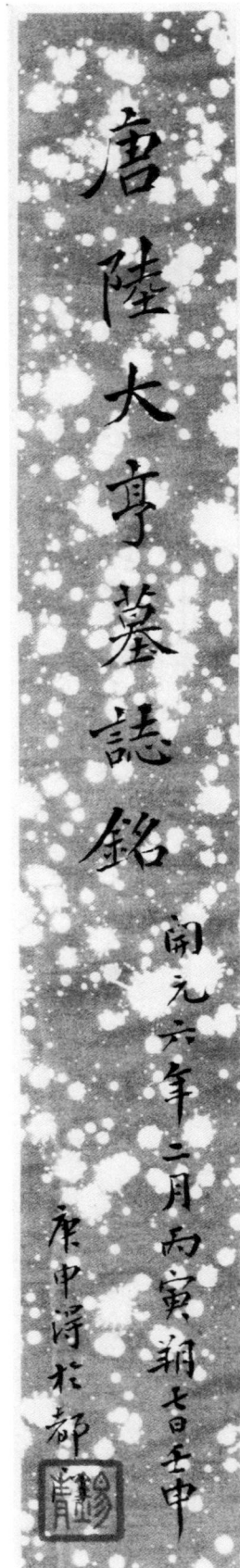

唐陸大亨墓誌銘

開元六年二月丙寅朔七日壬申

庚申得於都

下 629

唐幽栖寺尼正覺浮圖之銘

開元六年歲次戊午七月癸巳朔十五日丁未建正書 庚申泠

下 630

唐故儀州遼城府左果毅劉府君墓誌銘

開元六年十二月九日正書 甲寅

下 631

唐故朝議郎京兆府功曹上柱國韋君墓誌銘 正書

開元八年正月□日 甲寅

下 632

唐賈君墓誌 開元九年四月八日 正書 乙卯

下 634

唐故嶽嶺軍副使王府君墓誌銘 諱脩福

開元九年十一月三日

甲寅

下 635

唐王慶墓誌銘

正書

開元九載十一月甲辰朔六日乙酉

庚申冬得於津門

下 636

唐郭府君墓誌銘

開元九年十一月甲辰朔

十七日庚申

正書

在洛陽存古閤 庚申得

下 637

唐王達墓誌

開元九年十一月甲辰朔十七日

庚申

戊午年所得

下 638

唐薛府君夫人裴氏墓誌銘
開元十四年二月廿三日葬
石立洛陽存古閣
庚申歲得　正書

唐思恒律師墓誌銘
常呂撰并正書
開元十四年十二
月十五日
癸亥春得

唐書夫人墓誌銘
正書　蹇國俊撰
開元十九年辛未歲
四月七日賀亥□□□

唐蕭令臣墓誌
開元二十三年二月十日
戊午年得　正書

滎陽鄭公墓誌銘

諱諲

鐫工陳頎達

楊宗撰 元光潮正書

開元廿三年二月二十三日

戊午

下 659

唐禪師義福塔銘

開元廿四年六月十有七日

石在洛陽存古閣

杜昱撰 正書

康申澤

下 660

李君夫人南陽鄧氏墓誌銘

開元廿五年十一月十四日滕少逸撰 正書

秋七月六日甲申

戊午

下 661

唐大德惠隱禪師塔銘

開元廿六年歲次戊寅二月六日建

正書

石在洛陽存古閣

康申年

下 662

912

唐宋君墓志銘 正書 開元廿六年歲次戊寅十二月甲子朔 在芳撰

下 663

唐常来墓誌銘 行書 開元廿七年歲次己卯十月庚申朔廿五日甲申 辛酉將 誌

下 665

唐故江州長史趙府君墓誌銘 諱知慎 正書 開元廿八年三月 戊午

下 668

滄州清池縣尉張君墓誌銘 諱仲臣 正書 開元廿八年四月十四日 戊午

下 669

913

唐索思禮墓誌銘 正書 天寶三載八月
十二日 癸亥春

下 675

唐崔石墓誌銘 天寶七載八月乙亥朔八日 正書
丁巳年得

下 682

唐李韜墓誌 天寶八年十二月一日正書
丁巳得

下 685

唐李經墓誌 天寶九載二月一日正書
戊午秋得于沽上

下 686

唐故清河張府君墓誌之銘諱璬

天寶十二載二月十二日正書 甲寅

下 689

唐優婆姨段常省塔銘

天寶十二載 正書

庚申冬得于深

下 693

唐黃君夫人彭城劉氏合寵銘

正書 天寶十三載 下湖

少弟甫行濟陰郡成武縣尉庭玲述

石在泫陽存古閣 庚申得

下 694

唐韋瓊墓誌銘 正書 范朝撰

天寶十四載五月十三日

癸亥春得

下 695

唐威神寺故大德禪師墓誌 行書

至德二載十二月言涅槃乾元元年十一月□遷□歷康中浮於都門

下 697

楊光墓誌銘 正書 十三日

史思明天順二年十月

左舀易

下 698

唐焦璀墓誌銘 正書 寶應元年歲次壬寅十二月景午朔七日庚辛

按庚辛在有誤

下 699

唐辛庭墓誌銘 正書 七日

大曆元年十二月十

辛酉年浮

下 701

916

唐崔文脩墓誌銘 大歷六年歲次辛亥八月甲寅朔廿九日壬午 正書 嗣子珊叙文 張申玚

下 704

唐故淨住寺智悟律上人墓誌銘 正書 大歷六年十二月廿日 甲寅

下 705

唐故高士楊府君墓誌銘 大歷十年 正書 戊午

下 706

唐王景秀墓誌銘 行書 大歷十一年歲在丙辰八月二十九日甲戌 庚申得於壽門

下 707

917

唐李君妻賈氏墓誌銘　建中二年三月廿三日　從孫久則正書　庚申秋乃于澤州

下 709

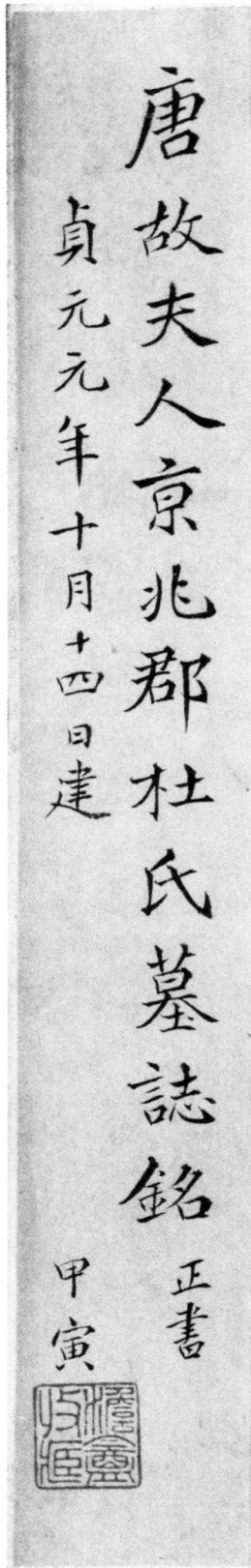

唐故夫人京兆郡杜氏墓誌銘　正書　貞元元年十月十四日建　甲寅

下 710

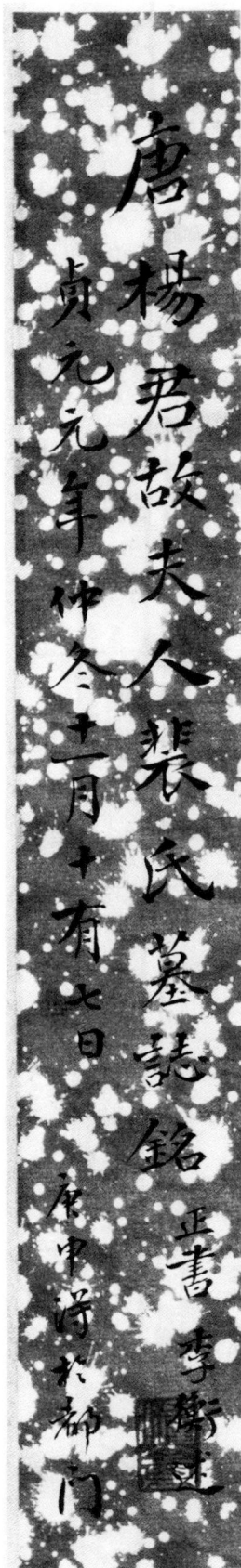

唐楊君故夫人裴氏墓誌銘　正書　李構題　貞元元年仲冬十一月十有七日　庚申將於都門

下 711

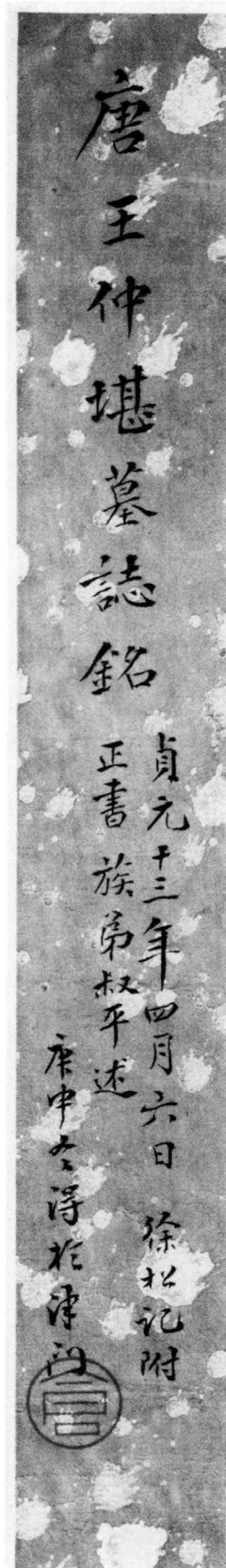

唐王仲堪墓誌銘　正書　族弟叔平述　貞元十三年四月六日　徐松記附　庚申六得於津門

下 714

唐李氏殤女墓石記 貞元十七年十二月三日 李藩撰 洪父淳正書

下 718

唐故清河張氏女殤墓誌銘 正書 貞元十八年正月二十七日 甲寅

下 719

唐張遊藝墓誌銘 正書 高弘規撰 貞元元年十月廿四日 貞元十八年十二月葬

下 720

唐畢遊江墓誌銘 行書 貞元十九年七月一日 庚申年浮

下 722

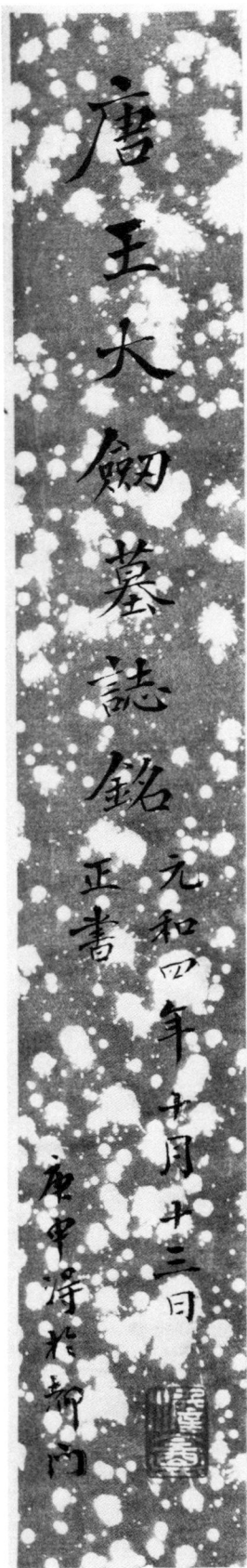

唐王大劌墓誌銘 正書 元和四年十月十三日 唐甲浮於都門

下 725

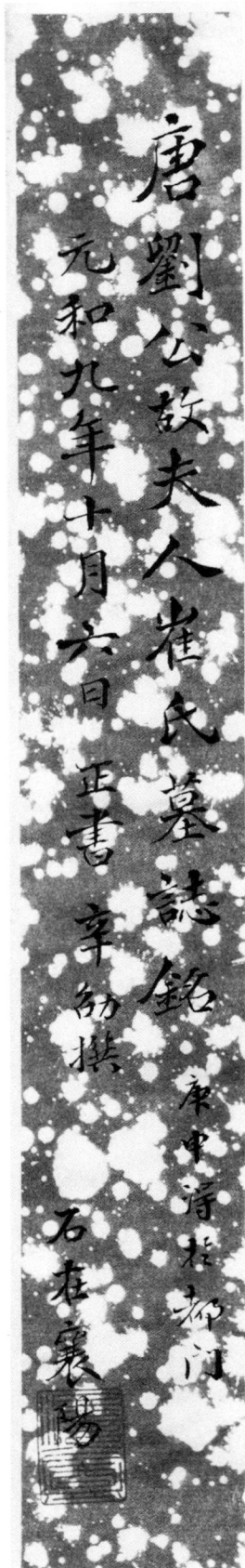

唐劉公故夫人崔氏墓誌銘 元和九年十月六日 正書 辛勖撰 康申浮於都門 石在襄陽

下 733

唐故李府君夫人徐氏合葬墓誌銘 行書 元和十一年丙申十二月二十九日 康申浮於都

下 736

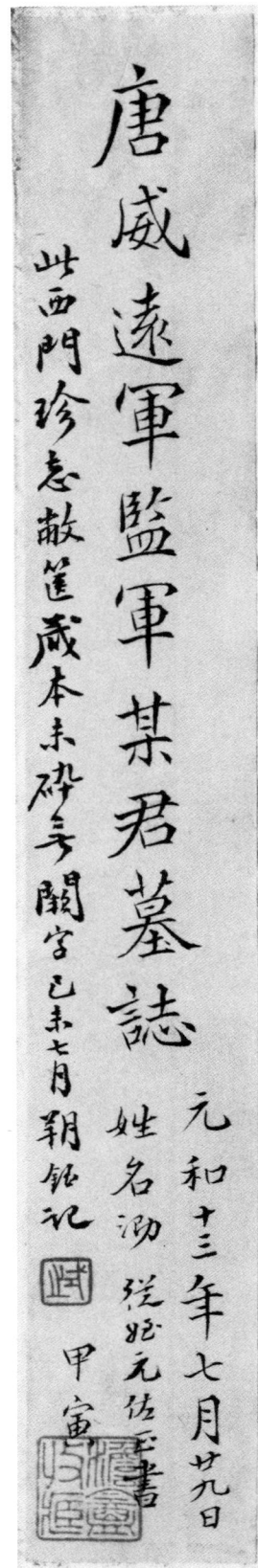

唐威遠軍監軍某君墓誌 元和十三年七月廿九日 此西門珍志散佚藏本末碎云闕字已未七月朔鈶記 姓名泐從旭元佑正書 甲寅

下 738

唐故朝散大夫秘書省著作郎致仕京兆韋公玄堂誌

元和十五年五月一日 四子紓撰并正書

甲寅

下 740

唐盧士瓊墓誌銘

甲寅得於河東方藥雨授碑以為僞造從字殊佳姑敬藏道咸黃叔夔陳栗園古歡樓本未碎董雨宮為鴟迮石知何拓乙未六月鐵農泐

歐陽澥民書

太和元年九月庚申

下 746

唐吳達墓誌銘

元年十月廿一日

正書

癸亥春得

寂同撰 寶曆

下 747

唐故劉府君墓誌銘

大和六年七月十六日

正書

庚申得於都門

下 750

唐故京兆杜夫人墓誌銘
大和乙卯歲十一月廿九日
按乙卯為大和九年
庚申得於都門
杜寶符撰
裴齡之書

下 753

唐基公塔銘 行書 李弘慶撰 開成
四年五月十六日
辛酉冬月得

下 755

唐韋墳墓誌銘
會昌元年十月廿日
陸洿撰 李宣睠書
庚申十月得於津

下 757

唐韋公夫人溫氏墓誌銘 會昌元年六月二日
孝章延正書
與韋墳志同時得

下 762

唐瞿府君夫人墓誌銘 正書 大中四年 癸亥春得 冬十月五日

下 764

唐韓昶自為墓誌銘 正書 大中九年十二月十 五日 庚申浮於春

下 769

唐此兰庄廣惠塔銘 大中十三年六月十八日 正書 令狐口撰孔口書 庚申浮

下 771

唐鄭堡墓誌銘 鄭迪撰 正書 大中十四 年十月廿一日 癸亥十二月

下 774

唐申亂墓誌銘 咸通二年十月 正書 朱氏感石

唐榮王府長史程君墓誌銘 咸通四年四月十七日 正書 溫憲撰 男進思書 男再思篆蓋 庚申冬得

唐魏涿墓誌銘 郝秉撰 李誠正書 咸通九年歲次戊子七月十八日 癸亥十二月得

唐劉君夫人王氏墓誌銘 乾符六年二月廿四日 正書 楊玄甚撰 辛酉冬得於天津

下 775

下 777

下 779

下 780

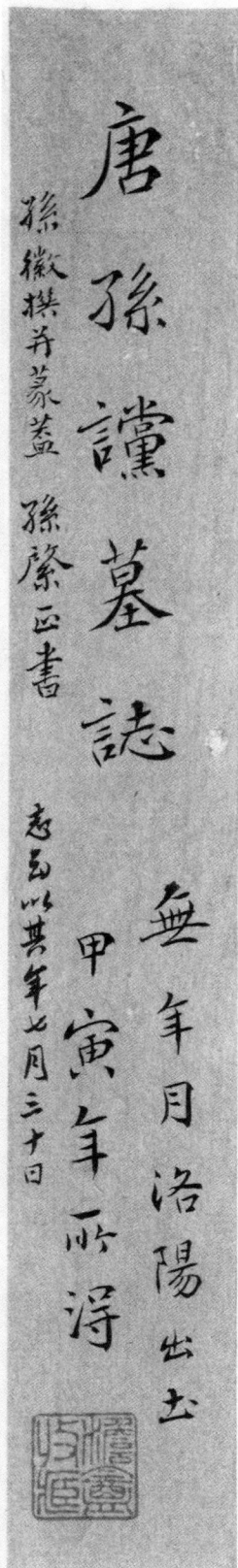

唐孫讜墓誌 無年月洛陽出土 甲寅年所得

孫徽撰并篆蓋 孫縥正書

志石以其年七月三十日

下 782

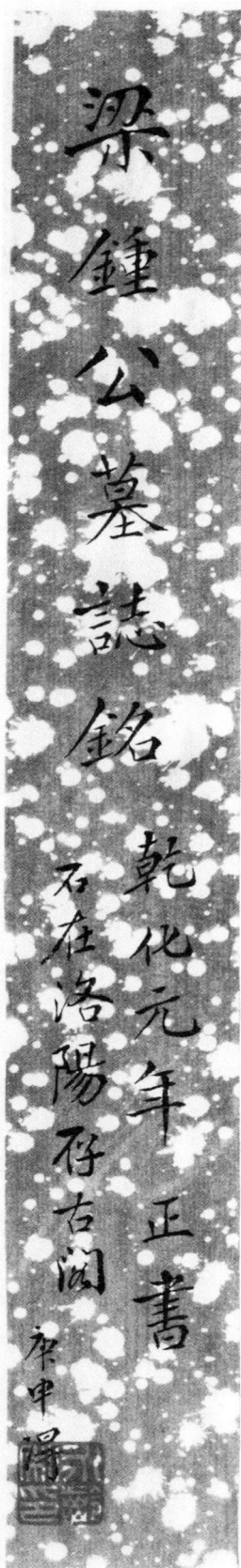

梁鍾公墓誌銘 乾化元年正書

石在洛陽存古閣

庚申

下 785

晉故孫府君墓誌銘 天福五年歲當庚子十一月十五日

庚申得於都門

下 786

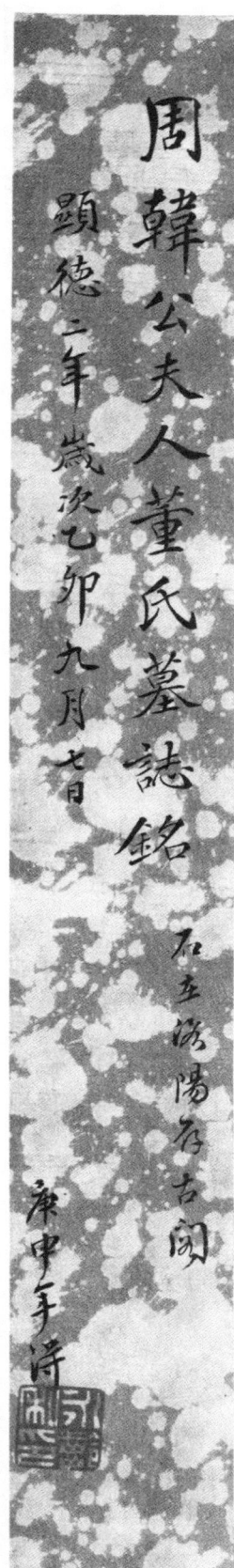

周韓公夫人董氏墓誌銘 顯德二年歲次乙卯九月十五日

石在洛陽存古閣

庚申年所得

下 787

周韓通墓誌銘 宋建隆元年庚申歲正月辛未朔 二月二日 正書 石在洛陽 存志闕 庚申年浮

下 790

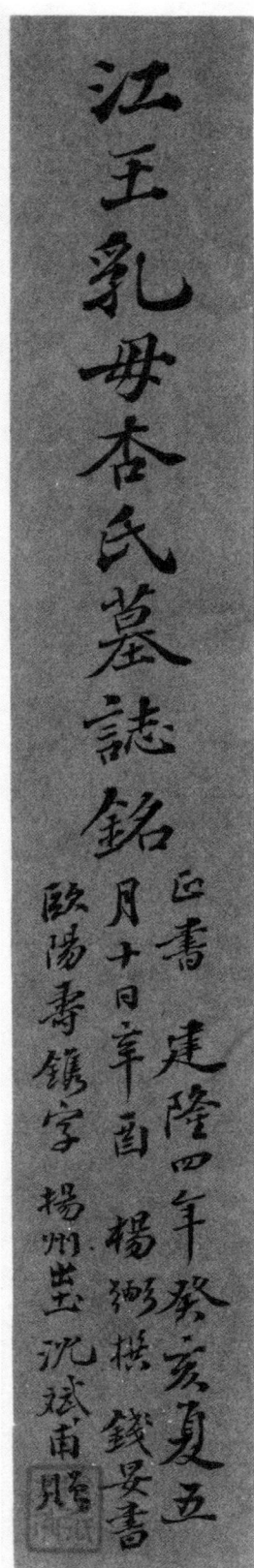

江王乳母杏氏墓誌銘 正書 建隆四年癸亥夏五月十日辛酉 楊徽撰 錢晏書 歐陽壽鎮字 揚州出土 沈斌甫贈

下 791

遼張諫墓誌銘 正書 趙□撰 乾亨三年十一月□日 奉天出土 甲子二月

下 792

宋秦國王墓誌銘 正書 端拱二年正月十五日 石在洛陽 存志闕 庚申浮

下 793

下 794

下 795

下 796

下 797

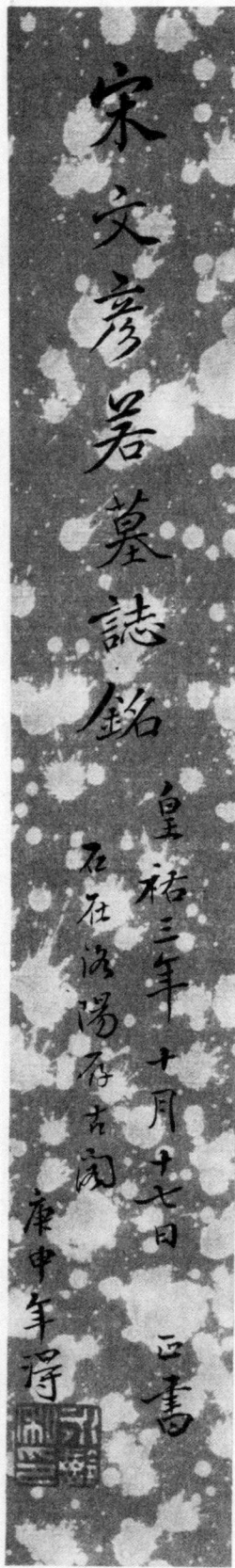

宋文彥若墓誌銘 皇祐三年十月十七日 石在洛陽存古閣 康申年得 正書

下 800

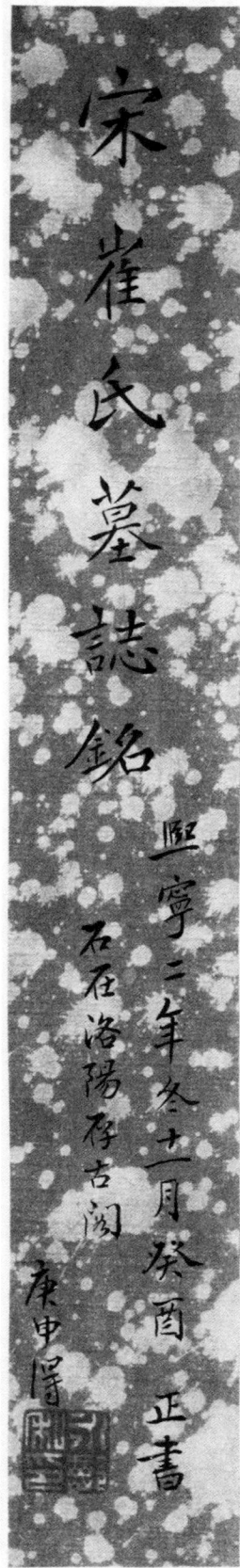

宋崔氏墓誌銘 熙寧二年冬十一月癸酉 石在洛陽存古閣 康申得 正書

下 802

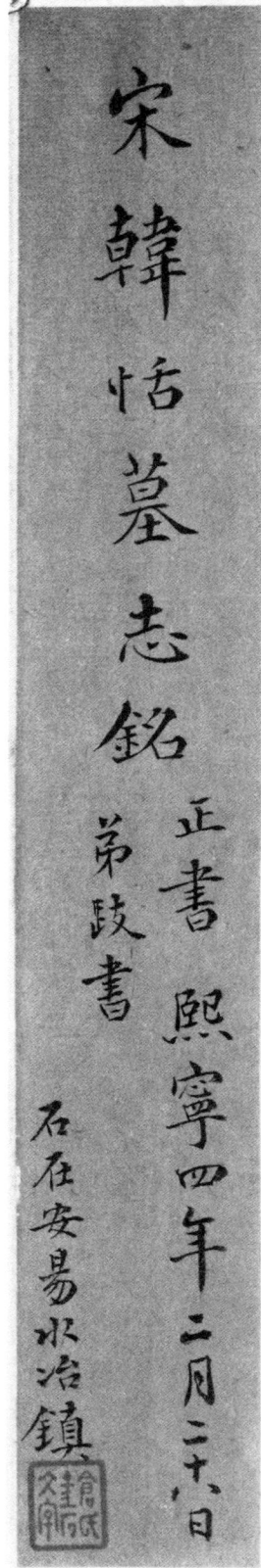

宋韓恬墓志銘 正書 弟跋書 熙寧四年二月二十八日 石在安易水冶鎮

下 803

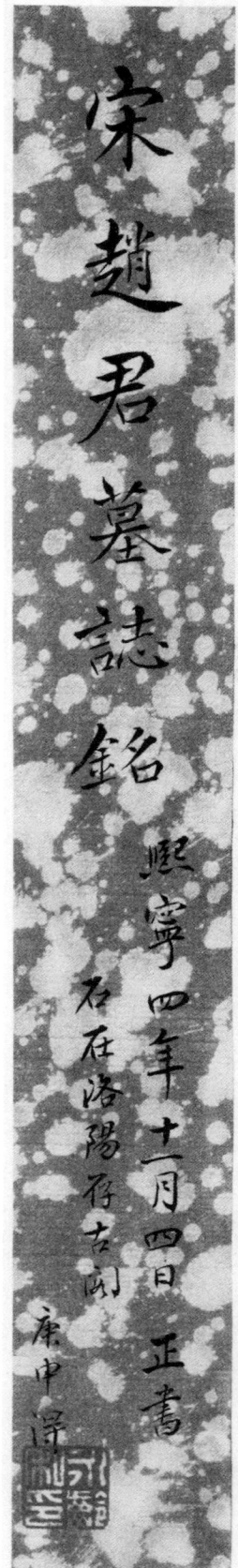

宋趙君墓誌銘 熙寧四年十一月四日 石在洛陽存古閣 康申得 正書

下 804

宋章君枕記

題李君枕記不罕見
九月
劉彦題
和古 山東聊城新生土
元祐改歲五月
正書黃蓮溪寓照時丙寅

宋朱氏墓誌銘

石在洛陽存古閣
元祐三年十一月初七日
庚申得
行書

宋段君墓誌銘

此誌拓本不易得
徐君平撰李涩正書元祐
罪年三月甲申
宋汴新出土歸古揚保存而丙寅得

宋孔師祖墓誌銘

正書
元祐七年十一月
乙未蓮溪贈

宋楊詠墓誌

紹聖三年十二月

正書

乙未蓮溪贈

下 811

宋游師雄墓誌銘

紹聖四年十月

正書

乙未蓮溪贈

下 812

宋故時氏墓志銘

正書 大觀三年十一月二十日

楊信功撰并書

石在易水冶鎮

下 813

宋郭景脩墓誌

大觀四年閏八月戊申

乙未蓮溪贈

下 815

930

宋時氏遷葬記　正書　大觀三年十一月　石在易水冶鎮

下816

宋陳氏之殤墓誌　陽存古闕　政和七年四月十二日　正書　石在冶　庚申浮

下817

宋郝公夫人趙氏墓誌銘　正書　吳覿撰　張温書　宣和元年四月二十七日壬寅　癸亥十月

下818

宋故劉氏墓志銘　正書　宣和元年九月十七日　韓治撰　石在安易水冶鎮

下820

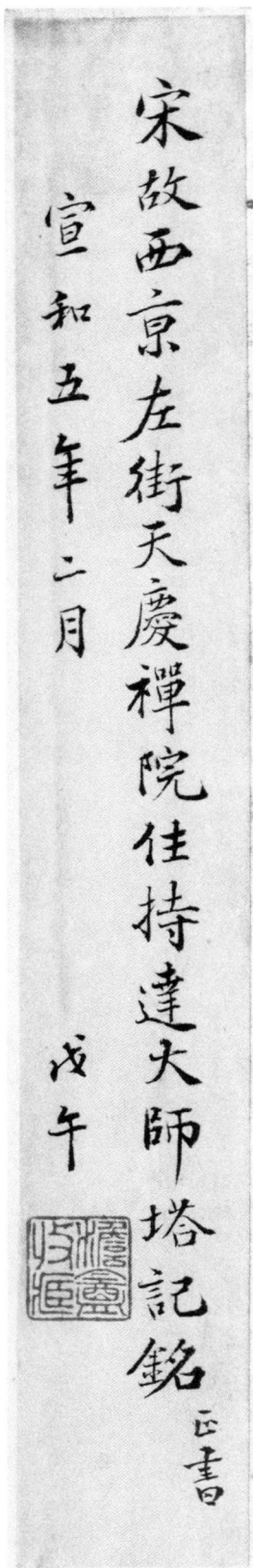

宋故西京左街天慶禪院住持達大師塔記銘 正書

宣和五年二月

戊午

下 822

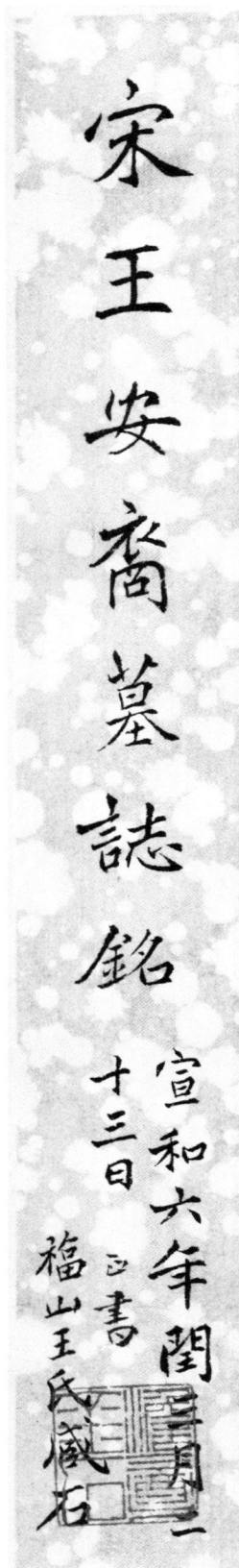

宋王安裔墓誌銘

宣和六年閏三月

十三日

福山王氏藏石

下 823

宋焦公墓誌銘蓋

銘闕石室洨陽君吉圓

康申年淳

下 825

932

残石 無年月 行書題顏李北海万壽橋存

古閩

庚申蜀

下 826

元隱霧士墓表 正書 至正十八年歲在戊戌口月

黃溍撰

劉基書并篆額

辛未得於津

下 827

明隱霧士竇公墓誌銘 正統六年二月十七日

庚申浮於都

下 828

933

魏章景山墓誌 延昌四年甲寅年得于河□

下 840

魏張敬墓誌銘 正書 孝昌三年歲次丁未九月十三日 洛陽新出土 河南沁陽賀氏藏石

下 845

唐李術墓誌銘 正書 元和九年歲直甲午正月十九日丁卯 癸亥春得

下 848

934